Lehrerband

Вместе

Russisch für die Sekundarstufe II

Volk und Wissen Verlag

Lehrerband zum Lehrwerk
Вместе – Russisch für die Sekundarstufe II

verfaßt von Harry Walter, Ulf Borgwardt, Rima Breitsprecher

Redaktion: Regina Riemann, Gabriella Wenzel

Verwendete Abkürzungen und Symbole
LB   Lehrbuch
AH   Arbeitsheft
LE   Lehrerband
OO   Kassettentext
Ⓜ   Muster

ISBN 3-06-502172-2

1. Auflage
© Volk und Wissen Verlag GmbH & Co., Berlin 1998
Printed in Germany
Typographische Gestaltung: Marion Röhr
Druck und Binden: DH „Thomas Müntzer", Bad Langensalza

Zur Konzeption von «Вместе»

Das Lehrwerk «Вместе» wendet sich an Schülerinnen und Schüler der Sekundarstufe II, die Russisch als 2. oder 3. Fremdsprache lernen. Es bietet eine Fülle inhaltlich vielfältiger und ideenreicher Texte sowie Übungen zur Vervollkommnung und Weiterentwicklung der Sprachkompetenz. Das Lehrwerk dient der Vertiefung und Erweiterung der Einsichten in soziokulturelle Zusammenhänge der russischen Geschichte und Gegenwart und somit der Förderung deutsch-russischer Beziehungen.

«Вместе» schließt in seiner Stoffauswahl und in der Progression der Stoffdarbietung unmittelbar an Russischlehrwerke an, die für die Sekundarstufe I angeboten werden. Es basiert dabei auf dem in den Lehrwerken «Диалог» und «Привет!» vermittelten Lernwortschatz und den dort behandelten grammatischen Stoffgebieten und erweitert den individuellen Sprachbesitz der Lernenden entsprechend den Forderungen der Rahmenrichtlinien für den Russischunterricht auf der Sekundarstufe II.

«Вместе» ist in acht Themenbereiche unterteilt, die jeder für sich oder auch mit einem zweiten zusammen eine vielseitig ausbaufähige Grundlage für einen der Kurse auf der Sekundarstufe II bilden. Insofern unterscheidet sich dieses kursbegleitende Lehrwerk grundsätzlich von denen der Sekundarstufe I, deren Stoffeinheiten in der Regel aufeinander aufbauen. Die Texte und Übungen zu den Themenbereichen in «Вместе» bieten eine Auswahl von Unterrichtshandlungen an, die einerseits bewusst Schwerpunkte für den Kurs setzen, andererseits der gezielten Vorbereitung, Ergänzung, Weiterführung bedürfen, auf das Lesen von Originaltexten vorbereiten und hier dem Unterrichtenden den notwendigen Handlungs- und Entscheidungsspielraum lassen. «Вместе» fördert durch vielfältige Anregungen und Ansatzpunkte in seinen Inhalten und Gestaltungselementen fächerübergreifendes und projektorientiertes Arbeiten (vgl. z. B. Kapitel 1 und 2 Geschichte, 3 Literatur, Musik und Kunst, 4 Geographie, 6 und 7 Sozialkunde).

Jeder Themenbereich gliedert sich in drei oder vier Einzelthemen mit einem Zuwachs an neuem Lernwortschatz bis zu insgesamt 130 Wörtern und Wendungen. Für die Vermittlung und Aneignung des darüber hinaus in den Rahmenrichtlinien geforderten Lernwortschatzes empfiehlt sich in lehrwerkfreien Unterrichtsphasen die Einbeziehung von Zusatzmaterialien der verschiedensten Art, darunter verstärkt der Einsatz literarischer Originaltexte und aktueller Zeitungslektüre.

Das Lehrwerk umfasst das *Schülerbuch* mit integrativer Funktion für alle Teile des Arbeitsmittels, das *Schülerarbeitsheft* als ergänzendes Übungsmaterial, eine *Kassette* als Zusatzmaterial und einen *Lehrerband*.

Die einheitliche Strukturierung des *Schülerbuches* ermöglicht eine schnelle Orientierung. Das Inhaltsverzeichnis gibt über die Text- und Themenangebote hinaus eine Übersicht über die Platzierung der Redeintentionen und Grammatikschwerpunkte. Um Dopplungen zu vermeiden, wird in den Kursen mit Verweisen auf andere gearbeitet.

Eine Bildseite (Collage) führt in jeden der 8 Themenbereiche ein oder fasst dessen wesentliche Inhalte schlaglichtartig zusammen. Jedes Teilthema hat ein eigenes Logo, das aus der Nummer des Themenbereiches und einem russischen Buchstaben besteht. Es wird durch einen oder vereinzelt auch durch mehrere Basistexte eingeleitet.

Der produktive Lernwortschatz ist bei seinem erstmaligen Auftreten kursiv gedruckt, und die betonte Silbe des neuen Wortes ist gekennzeichnet. Da jeder Kurs ein in sich abgeschlossenes Unterrichtssegment darstellt und die Behandlung der anderen Kurse nicht vorausgesetzt werden kann, werden einzelne lexikalische Einheiten in mehreren Kursen eingeführt (also bei ihrem ersten Auftreten auch als neu markiert). Wörter und Wendungen des episodischen Wortschatzes werden am Rand semantisiert.

An den Text schließt sich der anforderungsgestufte Übungsteil an. Dieser umfasst in der Regel: 1. Aufgaben zum Textinhalt und zur Textstruktur, 2. unter der Überschrift «Работаем над языковым материалом» Übungen zur Arbeit an der Wortbildung, am Wortschatz und an der Grammatik und 3. unter der Rubrik «Говорим, обсуждаем, спорим» Anwendungsübungen zur Aneignung neuer Redemittel sowie zur freien Kommunikation. Zusatzstoffe sind mit einem Symbol gekennzeichnet und ebenso wie die Rubriken «Знаете ли вы …» und «Из истории русской речи» in der Regel mit Wörterbuch zu lesen. Die Übungen im Schülerbuch tragen Angebots- und Auswahlcharakter in Abhängigkeit vom konkreten Wissens- und Könnensstand und von der Interessenlage der jeweiligen Lerngruppe sowie von der Kursplanung des Unterrichtenden. Zahlreiche Fotos und Illustrationen liefern vielfältige Sprech- und Schreibanlässe.

Der Anhang enthält ein nach Kapiteln und Abschnitten gegliedertes russisch-deutsches Wörterverzeichnis mit dem Lernwortschatz des Schülerbuches in alphabetischer Reihenfolge. Das Wörterverzeichnis ist dreispaltig angelegt: Ausgangswort (mit grammatischen Angaben) – einsprachige Worterklärung und Kollokationen – deutsche Entsprechungen.

Das *Schülerarbeitsheft* gliedert sich in einen kursbezogenen und einen kursübergreifenden Teil. Der *kursbezogene* Teil folgt in seiner Gliederung dem Schülerbuch und enthält vorrangig Übungsangebote zur selbstständigen schülerbezogenen Arbeit an der Wortbildung, am Wortschatz und an der Grammatik sowie Schreibaufgaben zu den behandelten Inhalten, zu typischen schriftsprachlichen Gebrauchsformen und zur Ausbildung von Sprechhandlungen mit optischen Lenkungshilfen. Die Aufgabenstellung erfolgt hier ebenso wie im Schülerbuch durchgängig in russischer Sprache.

Der *kursübergreifende* Teil bietet Übungen zu Fehlerschwerpunkten der Grammatikbeherrschung an, die bei Bedarf in jedem der acht Themenbereiche eingesetzt werden können. Damit ergibt sich für die Lernenden zusätzlich die Möglichkeit, diese Übungsfolgen mit jeweils unterschiedlichem Übungsschwerpunkt für das angeleitete oder selbstständige Schließen individueller Lücken zu nutzen. Die Übungen im kursübergreifenden Teil orientieren sich einerseits ganz bewußt an Anforderungen der Kommunikationspraxis, beziehen sich andererseits aber auf andere Themen als in dem Abschnitt des Schülerbuches bzw. des kursgebundenen Teils des Arbeitsheftes.

Die *Kassette* ist in erster Linie für die Entwicklung des komplexen Hörverstehens solcher Texte bestimmt, die eine angemessene verstehensfördernde Redundanz besitzen und in der Regel eine Länge von viereinhalb Minuten nicht überschreiten. Ihre Inhalte leiten sich größtenteils aus den acht kursbezogenen Themenkomplexen ab. Vielfältige Höraufträge regen die Lernenden dazu an, die Aufgaben auf verschiedene Art selbstständig zu lösen. Unbekannter Wortschatz wird hier nicht semantisiert, im Abdruck der Texte im Lehrerband aber gekennzeichnet.

Der *Lehrerband* übernimmt die Funktion eines Servicematerials mit Auswahlcharakter und verzichtet auf didaktisierende Hinweise. Er bietet zu den acht Kursen landeskundliche Informationen und stellt Anregungen zu weiteren Übungsideen sowie Zusatzstoffe (z. B. kleinere Texte) bereit. Darüber hinaus enthält der Lehrerband Vorschläge für Kopiervorlagen zu allen Themenbereichen sowie Beispiele für Prüfungstexte in Vorbereitung auf das schriftliche Abitur. Zur besseren Orientierung auf der Kassette werden im Lehrerband alle Kassettentexte abgedruckt. Den Abschluss bilden Lösungsschlüssel für ausgewählte Aufgaben des Schülerbuches, des Arbeitsheftes und der Kopiervorlagen.

Landeskundliche Informationen und Zusatzangebote

1 История – основа для понимания настоящего

Landeskundliche Informationen

1 А

Отечественная война 1812 г.

В ночь на 24 июня 1812 г. Наполеон начал нашествие на Россию. Это было начало Отечественной войны русского народа против французских захватчиков. После победы над русской армией под Смоленском Наполеон со своей 600-тысячной «великой армией» приблизился к Москве. 26 августа в битве под Бородино́ в 120 километрах от Москвы обе армии столкнулись второй раз. По расчёту Наполеона Бороди́нская битва должна была открыть ему путь не только в Москву, но и к победе в войне с Россией. Перед боем солдатам французской армии прочитали следующее воззвание Наполеона: «Солдаты! Вот битва, которой вы так желали! Победа зависит от вас, нам она необходима. Она даст нам обильные припасы, хорошие зимние квартиры и скорое возвращение на родину …» Бородинская битва не принесла успеха французам. Потери обеих сторон были огромные. Русская армия потеряла 40.000 убитыми и ранеными, французская – около 60.000.

Русская армия хотела продолжить бой. А французы были всё ещё сильны. На военном совете в Фи́лях недалеко от Москвы решался вопрос: оставить Москву без боя или сражаться. Главнокомандующий русской армией князь Куту́зов верил в русский народ и окончательную победу, поэтому он произнёс следующие слова: «С потерею Москвы ещё не потеряна Россия, с потерею же армии Россия потеряна. Приказываю отступать». Кутузов правильно рассчитал. Овладение Москвой не дало Наполеону никаких преимуществ. В Москве не было ни оружия, ни продовольствия. После вступления французов в Москву русские сожгли свой город. Не было больше и тёплых зимних квартир. Москва стала началом конца империи Наполеона. В октябре он решил уйти из сожжённой Москвы. Отступление принесло французам серию поражений и большие потери. К концу 1812 года из России во Францию вернулся французский император с 20.000 солдатами.

Отечественная война русского народа создала нужные предпосылки для освободительных войн во всей Европе против наполеонского господства.
(По: Большая энциклопедия Кирилла и Мефодия 96. Издано в Великобритании. CD-ROM. Отечественная война 1812 года в книге: Лексика исторических текстов. Учебные задания по русскому языку для иностранных учащихся 2 курса исторического факультета. Ленинград. 1990 – C. 1-6. Denninghaus, F. u.a.. Встречи 2. Москва 1990 – S. 269-270)

Восстание декабристов

Декабристы – офицеры, участники Отечественной войны 1812 г., поднявшие в декабре 1825 г. восстание против самодержавия и крепостничества. Они стремились произвести военный переворот силами армии, без участия народа. После разгрома движения многие были сосланы на каторгу и на поселение в Сибирь. Движение декабристов было первым вооружённым выступлением революционеров в России и оказало большое влияние на последующее революционное движение.
(По: Большой энциклопедический словарь. – Москва – Санкт-Петербург, 1997.)

1 Б

Князья Олег, Владимир и Ярослав Мудрый

• *Оле́г Ве́щий* (? – 912): Великий князь Киевский (882 – 912), считается основателем Киевской Руси; сделал Киев столицей Древнерусского государства.
• *Влади́мир Крести́тель* (около 960 – 1015): Великий князь Киева (980 – 1015); принятие христианства в качестве государственной религии Древней Руси; годы правления – время высшего подъёма Древнерусского государства.
• *Яросла́в Му́дрый* (978 – 1054): Великий князь Киевский (1019 – 1054); расцвет Киевской Руси; расцвет древнерусского искусства: иконопись, фреска, мозаика, миниатюра; укрепление связей с государствами Западной и Южной Европы, Средней Азии и Кавказа.
Дополнительная литература: 17 русских имён с древности по XVII век. – NRB. – Berlin, 1996; По свету. – 1994. – № 2.

Германия и Киевская Русь – Из истории дипломатических отношений

838 – 839 гг.
Посольство русов к франкскому королю Людо́вику Благочести́вому.

959 г.
Посольство княгини О́льги к германскому императору Отто́ну I с просьбой прислать епископа и священников.

961 г.
Миссия германского императора Отто́на I в Киев. Был заключён договор, по которому князь Святосла́в открыл для Европы путь по Волге и Каспию в страны Востока.

XI век
Русские купцы получили льготы на рынках Германии.

1008 г.
Посольство германского императора Ге́нриха II в Киев. Германия искала союзников на востоке против Польши.

1013 г.
Заключение политического договора между Киевской Русью и Священной Римской Империей.
1017 г.
Совместные действия Яросла́ва Му́дрого и Ге́нриха II против польского короля Болесла́ва Хра́брого.
1031 г.
Поход Киевской Руси и Германии против Польши. В результате Германия получила восточные земли, а Русь – Прикарпатье.
1046 г.
Трое сыновей Яросла́ва были женаты на европейских принцессах, один из них был женат на германской принцессе.
(По: Восточный экспресс. – 1996. – № 2.)
Дополнительная литература: Пособие по истории России: с древнейших времён до начала XX века. – Санкт-Петербург, 1996.

«Русская правда»

сборник древнерусского права (с XIII века). Она включает: отдельные нормы «Закона Русского», Правду Яросла́ва Му́дрого, устав Влади́мира Монома́ха и др. Защита жизни и имущества княжеских дружинников и слуг, положение зависимых людей, право наследования и т. д.

Преступление	Штраф	
	судье	владельцу
убить человека боярина раба	40 гривен[1] 80 гривен 5 гривен	
ранить другого человека	3 гривны	1 гривна
выбить зуб	12 гривен	1 гривна
срубить дерево, в котором есть улей	3 гривны	0,5 гривны

[1]гривна = 409,5 грамма серебра

Из истории русских монет

• Первая древнерусская монета – серебреник князя Яросла́ва Му́дрого – была найдена в 1972 году. Средний вес монеты около 3 граммов. Известно, что первые монеты на Руси были уже при князе Владимире в конце X века.
• Первая золотая монета – это златник князя Влади́мира конца X века. В русских музеях есть 10 златников. Вес монеты около 4 граммов.
• От златника произошла русская единица веса – золотник – 4,288 грамма.
• Слово «рубль» существует с 1282 г. Оно образовано от слова «отрубок», которое происходит от серебряной гривны древнейшей единицы веса и денежного счёта. Вес её был 409,5 грамма (1 гривна). Серебряные слитки в старину разрубали на части. Так появился рубль весом 204,6 грамма.
(По: Спутник. – 1995. – № 3. – С. 32-33.
По свету. – 1995. – № 4. – С. 10.)

Опричнина – эпоха террора

В декабре 1564 г. царь Ива́н IV со всей семьёй выехал из Москвы. Это был протест царя против интриг духовенства и бояр. Ситуация в стране была критической. Поэтому бояре попросили царя вернуться на престол. Царь был согласен править страной, но при условии, что вся власть будет в его руках. Для обеспечения своей безопасности он создал свои особые войска – знаменитую «опричнину» (более 6000 чел.). В опричнину вошло около 20 городов и деревень в центральных и северных областях государства и несколько улиц в Москве. Позже царь расширил свою «опричную» территорию. На этой территории он отбирал поместья у прежних владельцев и давал их своим опричникам. Территории, не вошедшие в опричнину, назывались зе́мщиной, а людей, которые жили там, называли зе́мскими.
Каждый опричник был верен только царю и не должен был иметь никаких контактов с земскими. В случае любого конфликта с земцем опричник мог быть уверен в том, что он всегда прав. Опричники были одеты в чёрную одежду. У каждого из них был конь. Опричники убивали каждого, кто был против царя.
В стране начался террор, репрессии, потому что Ива́н Гро́зный в каждом видел врага. Его опричники убивали не только бояр, но и их жён, детей. В 1570 г. по воле царя опричники разрушили Новгород Великий только потому, что царю сказали, что жители этого города хотят изменить ему и передаться Литве.
В 1571 году на Москву с войной пришёл крымский хан Девле́т-Гире́й. Многие опричники, которые стали богатыми, не хотели бороться против него. Поэтому хан без проблем дошёл до Москвы и сжёг Кита́й-город и Кремль. Чтобы победить хана, царь объединил опричные и земские войска. В битве у села Мо́лоди русские войска под руководством князя Вороты́нского победили армию хана. Осенью 1572 г. царь отменил опричнину, но террор продолжался.
(По: Юрганов А. Л., Кацва Л. А. История России XVI – XVIII вв.: Экспериментальный учебник для VIII класса средних учебных заведений. – Москва, 1996.)

Родовые и Гражданские чины (с 1722 г.)

Родовые чины	Общие титулы
Великие князья (члены императорской семьи)	ваше императорское высочество
Светлейшие князья	ваша светлость
Графы и князья	ваше сиятельство
Гражданские чины	
Канцлер (I)/Действительный тайный советник (II)	ваше высокопревосходительство
Тайный советник (III)/Действительный статский советник (IV)	ваше превосходительство

Статский советник (V)	ваше высокородие
Коллежский советник/ Военный советник (VI)/ Надворный советник (VII)/ Коллежский асессор (VIII)	ваше высокоблагородие
IX – XIV классы	ваше благородие

(По: История России: Атрибуты государственности. Учебное пособие. – Санкт-Петербург, 1997. – С. 156 – 165.)

Рекомендательный список литературы:
Sievers, L.: Deutsche und Russen: Tausend Jahre gemeinsame Geschichte – von Otto dem Großen bis Gorbatschow. – Hamburg, 1991.
Massie, R. K.: Die Romanows: Das letzte Kapitel. – München, 1998.
Die russischen Zaren in Lebensbildern. – Wien, 1996.
18 русских имён XVIII века. – NRB. – Berlin, 1995.

Zusatzangebote

1 А

1. Разделите класс на две группы. Первая группа называет имя исторической личности, а вторая говорит, кто это. После этого вторая группа называет другое имя, а первая группа говорит об этой личности. И так далее.
2. Работая в группах, придумайте вопросы для викторины об истории России и на каждый из этих вопросов один правильный и два неправильных ответа. (первая группа: с X века по XVII век; вторая: XVIII и XIX века; третья: XX век).
3. Работая в группах, подготовьте коллажи о событиях разных эпох в истории России и прокомментируйте изображённые события.

1 Б

1. Расскажите о значении принятия христианства в жизни русского народа.
Сыграло важную роль в развитии древнерусского государства; помогало развивать отношения с …, влияло на образ жизни, стало основой для культуры.
2. Дайте оценку дипломатическим отношениям между германскими императорами и правителями Киевской Руси и обоснуйте свою точку зрения.
3. Дайте оценку «Русской правде». Скажите, в чём вы видите её значение, и с какими из наказаний вы не согласны. Аргументируйте свой ответ.

1 В

1. Используя толковый словарь русского языка, объясните следующие слова по образцу.
Ⓜ Опричники – солдаты царских войск, которые защищали жизнь Ивана IV и выполняли каждую его волю.
1. стрельцы, 2. правители, 3. воеводы, 4. помещики, 5. священники.
2. В чём вы видите основные черты политики Ивана Грозного? Выберите из нижестоящих фактов три важнейших и поговорите о них.
– создание постоянной армии
– борьба с татарами и изгнание их
– расширение территории России
– укрепление российского централизованного государства
– влияние на бояр, заботиться не только о себе, но и об интересах России
– реализация реформ
– создание «опричнины» для защиты жизни и получения абсолютной власти царя.

1 Г

1. Вы хотите больше узнать об исторических личностях старой России. Задайте друг другу вопросы об их роли в истории России, об их жизни и деятельности, воспитании, интересах, слабых и сильных сторонах и т. п. (s. landeskundliche Informationen S. 5)
2. Скажите, какие последствия имело разделение чинов на 14 классов и введение разных титулов на жизнь в русском обществе, и как вы оцениваете эти меры. (s. landeskundliche Informationen S. 6 – 7)
3. Охарактеризуйте жизнь крепостных крестьян в России до отмены крепостного права. Скажите, какую роль они сыграли в истории России.
4. *Неграмотный финансист и дипломат Петра I*
Самым близким Петру I человеком стал Александр Даниилович Меншиков, помощник царя по введению новой культуры, полководец, администратор, финансист, дипломат, научившийся немного говорить по-немецки. Меншиков абсолютно не умел читать и писать, он мог только рисовать свою подпись! Никто об этом не знал. Великий Исаак Ньютон сообщил потом Александру Даниловичу об избрании его в члены Британского королевского общества в знак уважения к его «образованности»!
(По: Юрганов А. Л., Кацва Л. А. История России XVI – XVIII вв.: Экспериментальный учебник для VIII класса средних учебных заведений. – Москва, 1966. – С. 212 – 213.)

Landeskundliche Informationen

Quelle für alle Informationen des Kurses 2:
Данилов А. А., Косулина Л. Г. История России: XX век. Учебная книга для 9 класса общеобразовательных учреждений. – Москва, 1995.

2 A

Из петиции рабочих и жителей Петербурга Николаю II. 9 января 1905 г.

Государь!
Мы, рабочие и жители города Санкт-Петербурга разных сословий, наши жёны, и дети, и беспомощные старцы-родители, пришли к тебе, государь, искать правды и защиты. Мы обнищали, нас угнетают, обременяют непосильным трудом, над нами надругаются, в нас не признают людей, к нам относятся как к рабам, которые должны терпеть свою горькую участь и молчать. Мы и терпели, но нас толкают всё дальше в омут нищеты, бесправия и невежества, нас душат деспотизм и произвол, и мы задыхаемся. Нет больше сил, государь. Настал предел терпению. Для нас пришёл тот страшный момент, когда лучше смерть, чем продолжение невыносимых мук.

Из манифеста об отречении Николая II от престола. 2 марта 1917 г.

В дни великой борьбы с внешним врагом, стремящимся почти три года поработить нашу родину, Господу Богу угодно было ниспослать России новое тяжкое испытание. Начавшиеся внутренние волнения грозят бедственно отразиться на дальнейшем ведении упорной войны ... В эти решительные дни в жизни России почли мы долгом совести облегчить народу нашему тесное единение и сплочение всех сил народных для скорейшего достижения победы, и в согласии с Государственной думой признали мы за благо отречься от престола государства Российского и сложить с себя верховную власть. Не желая расстаться с любимым сыном нашим, мы передаём наследие нашему брату, великому князю Михаилу Александровичу, и благословляем его на вступление на престол государства Российского.

Из биографии Владимира Ильича Ульянова (Ленина) (1870 – 1924)

поступил на юридический факультет Казанского университета (1887); в декабре исключён за участие в студенческом движении; участвовал в создании Петербургского «Союза борьбы за освобождение рабочего класса» (1895), затем арестован; выслан на 3 года в село Шушенское (1897), выехал за границу (1900); вместе с Г. В. Плехановым и др. начал издание газеты «Искра»; возглавил партию большевиков (с 1903); в эмиграции (с декабря 1907); выдвинул курс на победу социалистической революции (апрель 1917) и возглавил Октябрьское восстание в Петрограде, избран председателем Совета народных комиссаров (октябрь/ноябрь 1917); сыграл решающую роль в заключении Брестского мира; был тяжело ранен при покушении на его жизнь; одобрил создание Всероссийской чрезвычайной комиссии по борьбе с контрреволюцией и саботажем, широко и бесконтрольно применявшей методы насилия и репрессий; ликвидации оппозиционных партий (→ привело к возникновению однопартийной системы, оппозиционных органов печати, к высылке из страны видных представителей интеллигенции, несогласных с политикой новой власти, к репрессиям по отношению к духовенству); тяжело заболел и больше не участвовал в политической деятельности (1922).

Ленин считал, что Россия должна начать мировую социалистическую революцию. Кризис в стране после Октябрьской революции и гражданской войны и не оправдавшиеся надежды на революцию в европейских странах привели его к признанию ошибочности политики «военного коммунизма» и необходимости перехода к новой экономической политике.

С середины 80-х гг. в анализе идей и деятельности Ленина существует широкий спектр оценок – от позитивных до резко критических.
(По: Большой энциклопедический словарь. – Москва – Санкт-Петербург, 1997.)

Результаты выборов Учредительного собрания 26 ноября 1917 г.

Большевики не имели успеха на выборах Учредительного собрания. Из 36 миллионов избирателей только 9 миллионов проголосовали за кандидатов большевиков. Только в Петрограде большевики одержали победу на выборах. Они получили 175 мест в Учредительном собрании, социалисты-революционеры 370 мест, левые социалисты-революционеры 40 мест, меньшевики 16 мест, гражданские партии 19 мест (в том числе народники два места и кадеты [либералы] 17 мест) и представители национальных меньшинств 87 мест.
(По: Chronik des 20. Jahrhunderts // Hrsg. B. Hardenberg. – Dortmund, 1993. – S. 221, 223.)
5 января 1918 года, в день открытия Учредительного собрания, в Петрограде прошла демонстрация в его защиту, организованная эсерами (социалистами-революционерами) и меньшевиками. Демонстранты были расстреляны поддерживающими большевиков частями латышских стрелков. Советское правительство во главе с Лениным распустило Учредительное собрание.

О чрезвычайных полномочиях народного комиссара по продовольствию
Из декрета ВЦИК[1] от 13 мая 1918 г.
...

2) Призвать всех трудящихся и неимущих крестьян к немедленному объединению для беспощадной борьбы с кулаками.

3) Объявить всех, имеющих излишек хлеба и не вывозящих его на ссыпные пункты, ... врагами народа, передавать их революционному суду, заключать в тюрьму на срок не менее 10 лет, подвергать имущество конфискации ...

4) В случае обнаружения у кого-либо избытка хлеба ... хлеб отбирается у него бесплатно, а причитающаяся по твёрдым ценам стоимость незаявленных излишков выплачивается в половинном размере лицу, которое укажет на сокрытые излишки ...

[1]Всероссийский Центральный Исполнительный комитет (1917 – 1936)

Записка В. И. Ленина Ф. Э. Дзержинскому 1922 г.
Тов. Дзержинский! К вопросу о высылке за границу писателей и профессоров, помогающих контрреволюции. Надо это подготовить тщательнее. Без подготовки мы наглупим ... Надо поставить дело так, чтобы этих «военных шпионов» изловить и излавливать постоянно и систематически и высылать за границу. Прошу показать это секретно, не размножая, членам Политбюро.

Об отношении большевиков к церкви
Именно теперь и только теперь, когда в голодных местностях едят людей и на дорогах валяются сотни, если не тысячи трупов, мы можем (и поэтому должны) провести изъятие церковных ценностей с самой бешеной и беспощадной энергией и не останавливаясь перед подавлением какого угодно сопротивления... Чем бо́льшее число представителей реакционного духовенства и реакционной буржуазии удастся по этому поводу расстрелять, тем лучше. Надо именно теперь проучить эту публику так, чтобы на несколько десятков лет ни о каком сопротивлении они не смели и думать.
В. И. Ленин, 19 марта 1922 г.

Из письма населения в ЦК ВКП(б)
Дайте нам, что обещали уже долгое время. Аппетиты ... нэпманов, партийцев и спецов нужно сократить, ... так как такая несправедливость в пролетарском государстве нетерпима, такого мнения большинство рабочих, которые в трудный момент для республики Советов не щадили своей головы.
Дайте работу! Дайте хлеба! Дайте справедливости!
Декабрь 1926 г.

2 Б

Репрессии
В начале 30-х годов прошли последние политические процессы над бывшими меньшевиками и эсерами. Почти все они были расстреляны или отправлены в тюрьмы и лагеря.

С начала 1930 года начали проводить массовую репрессивную кампанию против кулачества и середняков. В 1936 году состоялся первый из крупнейших московских процессов над лидерами внутрипартийной оппозиции. Ближайших соратников Ленина – Г. Зино́вьева, Л. Ка́менева и других обвинили не только в убийстве 1 декабря 1934 года члена Политбюро ЦК и секретаря ЦК и Ленинградского обкома ВКП(б) С. Ки́рова, но и в попытках убить Сталина, а также ликвидировать советскую власть. Они все были расстреляны.

Только в высшем руководстве армии были уничтожены:

из 5 маршалов	3
из 5 командармов I ранга	3
из 10 командармов II ранга	10
из 57 командиров корпусов	50
из 186 командиров дивизий	154
из 16 армейских комиссаров I и II ранга	16
из 26 корпусных комиссаров	25
из 64 дивизионных комиссаров	58
из 465 командиров полков	401

Всего были репрессированы 40 тысяч офицеров Красной Армии.

По официальным данным, в 1930 – 1953 годах по обвинению в контрреволюционной, антигосударственной деятельности были вынесены осуждающие приговоры в отношении 3 778 234 человек, в том числе 786 098 – смертных. По другим данным, только в 1930 – 1941 годах было репрессировано до 20 миллионов «врагов народа».
(По: Аргументы и факты. – 1995. – № 18-19. – С.5.)

Отрывок из письма раскулаченных в адрес М. И. Калинина. 1930 г.
... Выселены мы в степь за 25 вёрст, выбросили нас в поле под открытое небо, мочили нас дожди, теперь засыпает нас пыль. Умереть, конечно, когда-нибудь нужно, но не голодной бы смертью. Мы, крестьяне-труженики и дети наши, закалены на стуже и жаре, но без всякого приюта даже и дикари не жили. Вот уже 5 месяцев как мы выселены и стали не похожи на людей: питаемся травой, хлеба нам не выдают, а заработать нам негде. Мы отрезаны от всего мира, пухлые от голода, а дети совсем при таком питании не могут жить и умирают. Неужели вы думаете, что мы кулаки? Нет, мы не кулаки, а мы труженики, наши мозолистые руки теперь как скелеты; мы не раскулачены, но разграблены местными властями. ...

Почему любят Сталина?

По данным Александра Яковлева, жертвами сталинских репрессий стали 4 миллиона 800 тысяч человек. С ними «работала» армия следователей, пытателей, расстрельщиков, охранников, надзирателей, могильщиков, судей, водителей и т. д. На одного репрессированного приходилось по 4 – 5 человек из службы «сталинского сервиса», то есть 24 – 25 миллионов человек. С членами их семей цифра эта возрастает по меньшей мере раза в 3 – 4. А если прибавить сюда армаду стукачей[1], то станет понятно, откуда высоко поднятые портреты «отца народов».

Восприятие личности Сталина зависит от того, по какую сторону колючей проволоки находились человек и его близкие.

[1] Spitzel

(По: Аргументы и факты. – 1997. – № 27. – С. 2.)

2 B

Хроника политических событий при М. С. Горбачёве

11.03.1985 г.
Горбачёв пришёл к власти; стал Генеральным секретарём КПСС
19. – 21.11.1985 г.
Первая встреча руководства СССР и США в Женеве
26.04.1986 г.
Авария на атомной электростанции в Чернобыле
1980 – 1989 гг.
Русские войска в Афганистане
1987 г.
Кульминационный пункт политики реформ под лозунгами «перестройка» и «гласность», визиты в ГДР, Великобританию, США
8.12.1987 г.
Соглашение об уничтожении ракет среднего и ближнего радиуса действия. Соглашения о развитии гуманитарного сотрудничества, экономических отношений СССР с США, а позже и с другими странами
1989 г.
Волна демократического движения в восточной Европе
Межнациональные конфликты в СССР
12. – 15.03.1990 г.
Выборы президента СССР. М. С. Горбачёв – первый и последний президент СССР
1990 г.
Лауреат Нобелевской премии мира
1991 г.
Программа правительства по стабилизации экономики и переходу к рынку на 1991 и 1992 годы
Подготовка Союзного договора
19.08.1991 г.
Первый путч под руководством членов политбюро КПСС – захват Горбачёва в Крыму – защита Белого дома Ельциным с помощью десятков тысяч москвичей
23.08.1991 г.
Запрет КПСС

декабрь 1991 г.
Горбачёв ушёл в отставку. СССР прекратил своё существование
21.12.1991 г.
Создание Содружества Независимых Государств (СНГ)
август – ноябрь 1993 г.
Второй путч: демонстранты на баррикадах в Москве
14.12.1993 г.
Выборы парламента в России: принятие Конституции Российской Федерации

Август – ноябрь 1993 г.

В конце августа 1993 года в России разразился острый политический кризис. 21 сентября 1993 года Президент подписал указ о поэтапной конституционной реформе, в котором объявил о роспуске съезда народных депутатов РФ и Верховного Совета, проведении в декабре выборов в новые органы государственной власти и референдума о новой Конституции России. Против президентского указа выступило руководство Верховного Совета во главе со спикером Р. И. Хасбулатовым и большинство членов Конституционного суда, признавших действия Президента неконституционными. В ночь с 21 на 22 сентября об исполнении обязанностей Президента заявил вице-президент А. В. Руцкой, который начал формировать параллельное правительство. Здание Верховного Совета России, где народные депутаты начали собираться на свой внеочередной съезд, стало центром сопротивления Президенту Ельцину, который предъявил ультиматум – покинуть «Белый дом» до 4 октября.

2 октября в Москве прошли организованные оппозицией демонстрации, вылившиеся в массовые беспорядки. В городе началось строительство баррикад. Это вдохновило защитников «Белого дома» на активные действия. 3 октября к 18 часам здания мэрии и гостиницы «Мир» были захвачены восставшими. Попытка штурма телестанции «Останкино» привела к кровопролитию, но была безуспешной. В ответ на эти действия Президент объявил в Москве чрезвычайное положение и ввёл в столицу войска. 4 октября в 9 часов начался артиллерийский обстрел «Белого дома», вызвавший сильный пожар и гибель людей. В результате здание Верховного Совета было занято войсками, а руководители сопротивления арестованы.

Высказывания М. С. Горбачёва, взятые из его книги «Перестройка и новое мышление для нашей страны и всего мира». – Москва, 1987. – С. 33, 34, 39, 62.

«… я хотел бы, чтобы меня точно поняли: мы … – за социализм …».

«… в ходе послеоктябрьского развития были трудные этапы, не в последнюю очередь из-за грубого вмешательства в наши внутренние дела империалистических сил …»

«И когда мы ищем корни сегодняшних трудностей и проблем, мы делаем это для того, чтобы понять их происхождение, извлечь актуальные уроки из событий, которые уходят далеко в 30-е годы».

«Политика – искусство возможного. Именно поэтому мы тщательно, трезво оцениваем возможности и с учётом этого намечаем свои задачи».

Из доклада М. С. Горбачёва на XIX Всесоюзной конференции КПСС. 1988 г.

Существующая политическая система оказалась неспособной предохранить нас от нарастания застойных явлений в хозяйственной и социальной жизни в последние десятилетия и обрекла на неудачу предпринимавшиеся тогда реформы. Стало характерным всё большее сосредоточение хозяйственно-управленческих функций в руках партийно-политического руководства. Одновременно гипертрофировалась роль исполнительного аппарата. Число лиц, избранных в различные государственные и общественные органы, достигало трети взрослого населения страны, но при этом их основная масса была отстранена от реального участия в решении государственных и общественных дел.

В период застоя управленческий аппарат, разросшийся почти до сотни союзных и восьмисот республиканских министерств и ведомств, практически стал диктовать свою волю и хозяйству, и политике. Именно ведомства и другие управленческие структуры держали в руках исполнение принятых решений, своими действиями или бездействием определяли, чему быть, а чему не быть.

Из предвыборной платформы А. Д. Сахарова. 1989 г.

1. Ликвидация административно-командной системы и замена её плюралистической с рыночными регуляторами и конкуренцией. Ликвидация всевластия министерств и ведомств …
2. Социальная и национальная справедливость. Защита прав личности. Открытость общества. Свобода убеждений …
3. Искоренение последствий сталинизма, правовое государство. Раскрыть архивы НКВД[1] – МГБ[2], обнародовать данные о преступлениях сталинизма и всех неоправданных репрессиях …
4. Организация науки …
5. Поддержка политики разоружения и разрешения региональных конфликтов. Переход на полностью оборонную стратегическую доктрину.

6. Конвергенция социалистической и капиталистической систем, сопровождающаяся встречными плюралистическими процессами в экономике, социальной сфере, культуре и идеологии, – единственный путь радикального устранения опасности гибели человечества в результате термоядерной и экологической катастроф.

[1] Народный комиссариат внутренних дел;
[2] Министерство государственной безопасности

Рекомендательный список литературы:
Волкогонов, Д. Семь вождей: Галерея лидеров СССР. – В 2 книгах. – Кн. 1 (В. Ленин, И. Сталин, Н. Хрущёв). – Кн. 2 (Л. Брежнев, Ю. Андропов, К. Черненко, М. Горбачёв). – Москва, 1995.

Zusatzangebote

2 А

1. Найдите все места в письме (упр. 1), которые, возможно, помешали его публикации. Почему, по вашему мнению, письмо не было опубликовано? (LB, S. 28-29)
2. Должна ли, по вашему мнению, газета публиковать материалы на любые темы или нет? Какие материалы публиковать нежелательно? Обоснуйте своё мнение.
3. Охарактеризуйте отношение большевиков к представителям и собственности православной церкви в России.

2 Б

1. По чьей инициативе и почему проводили в России в конце 20-х и в начале 30-х годов насильственную коллективизацию? Как вы оцениваете эту политику?
2. Кем был Сталин: опасным преступником или великой исторической личностью? Аргументируйте свой ответ.
3. Политика и действия каких исторических личностей похожи на политику царя Давида? Почему вы так считаете? (AH, S. 11/8)

2 В

1. Поговорите о том, почему престиж Горбачёва на Западе всегда был намного выше, чем в России или в СНГ.
2. Охарактеризуйте М. С. Горбачёва как политика и государственного деятеля. В чём вы видите его сильные и слабые стороны?
3. Работая в группах, соберите материал для дискуссии о причинах распада СССР.
Резюмируйте результаты дискуссий в группах и представьте их своим одноклассникам.
низкий уровень жизни; низкая зарплата; плохое качество продукции; правительство должно всё решать; не было стимулов хорошо работать; недоверие к политикам; дефицит товаров, техники; очень большая армия; зависимость республик от Москвы; не было свободы религии; однопартийная система; не было демократии; диктатура; не было безработицы; не было частной

собственности; борьба против инакомыслящих; достоинство человека; низкие цены; низкая квартплата; бесплатное медицинское обслуживание; народное образование; ликвидация безграмотности; бесплатное пользование услугами службы телефонной связи внутри города; бесплатное водоснабжение; …

4. С какими историческими событиями и результатами ассоциируется перестройка в России?

5. Подготовьтесь к встрече с русскими школьниками. Напишите вопросы, которые вы им зададите о жизни в России.

6. Какая историческая эпоха вас особенно интересует? Почему она вас интересует? Хотели ли бы вы жить в это время? Почему?

7. Какие из нижеприведённых проблем вы считаете наиболее актуальными? Какие возможности вы видите для их решения?

1. безработица, гражданские права, равноправие женщины с мужчиной, проблема иммигрантов, отношение к иностранцам, наркомания и алкоголизм, жилищная проблема, забота о молодёжи, отношение к слабым в обществе;

2. экспорт оружия, политическая и религиозная нетерпимость, расизм, преступность, войны, решение многих конфликтов силой, иммиграция, бедные и богатые страны.

---

3   В мире русской культуры

Landeskundliche Informationen

3 A

Антон Павлович Чехов (1860 – 1904)

почётный академик Петербургской Академии наук (1900 – 1902); начинал писательское творчество как автор фельетонов и коротких юмористических рассказов (псевдоним – Антоша Чехонте и др.). Основные темы: идейные искания интеллигенции, недовольство обывательским существованием одних, душевная «смиренность» перед пошлостью жизни других («Ску́чная исто́рия, 1889; «Дуэ́ль», 1891; «Дом с мезони́ном», 1896; «Да́ма с соба́чкой», 1899). В рассказах «Ба́бье ца́рство» (1894), «Мужики́» (1897), «В овра́ге» (1900) показал дикость и жестокость деревенской жизни. Большой силы социального и художественного обобщения Чехов достиг в рассказах «Пала́та № 6» (1892), «Челове́к в футля́ре» (1898). В пьесах «Ча́йка» (1896), «Дя́дя Ва́ня» (1897), «Три сестры́» (1901), «Вишнёвый сад» (1904), поставленных на сцене МХТ, создал особую, тревожную эмоциональную атмосферу предчувствия грядущего. Главный герой Чехова – рядовой человек со своими каждодневными делами и заботами. Тонкий психолог, мастер подтекста, своеобразно сочетавший юмор и лиризм. *Дополнительная литература:* Толстый и тонкий (Л. Толстой. А. Чехов. – NRB. – Berlin, 1970.); Орден (Русская сатира. – NRB. – Berlin, 1996.); Радость; Репетитор; Произведение искусства; Зиночка; Шуточка (Ты меня слышишь? Russisches Lesebuch. – Berlin, 1996.)

Современники о творчестве А. П. Чехова

• Л. Н. Толстой: «Это был несравненный художник … Художник жизни … И достоинство его творчества то, что оно понятно и сродно не только всякому русскому, но и всякому человеку вообще … А это главное».

• М. Горький: Чехов в первую очередь «жестокий и строгий судья» пошлости, враг обывательщины и духовного рабства, человек «высоких требований к жизни».

Чехов о художественной литературе

• «Художественная литература потому и называется художественной, что рисует жизнь такою, какова она есть на самом деле. Её назначение – правда безусловная и честная».

• «В жизни … всё перемешано – глубокое с мелким, великое с ничтожным, трагическое со смешным».

• «Первая и главная прелесть рассказа – это простота и искренность».

(По: Балабанович Е. Чехов и Чайковский. – Москва, 1973. – С. 162.)

Чехов и Германия

В Баденвайлер, который расположен на юге Шварцвальда, Чехов приехал в июне 1904 года по совету своего врача. Ему нравилось здесь, но уже 2 июля (15 по новому стилю) он умер. Вскоре после смерти Чехова здесь был установлен ему памятник. Во время первой мировой войны он был убран, из бронзового бюста сделали пушки. Новая мемориальная доска висит на доме, где Чехов жил. На ней написано: «Хорошему человеку и врачу. Великому писателю. Антон П. Чехов. Родился 29/I 1860 в Таганроге, умер 15/VII 1904 в Баденвайлере».

(По: Контакт. – 1995. – № 14.)

О стиле А. П. Чехова

По словам А. П. Чехова, «краткость – сестра таланта». Работая над своими рассказами, Чехов очень старался ярко выразить каждую художественную деталь. В своих работах он избегал большого количества персонажей, ограничиваясь обычно двумя-тремя лицами.

Чехов писал простым и ясным языком. «Искусство писать состоит, собственно, в искусстве вычёркивать плохо написанное», – говорил новеллист, обращаясь к молодым литераторам. Владея в совершенстве мастерством новеллиста, он создал особую форму психологической новеллы. Он влиял не только на русскую, но и на мировую литературу.

Чехов считал своим самым любимым рассказом рассказ «Студент» (1894). Через мрак, холод, гнёт – к высокому утверждению жизни. Таков смысл рассказа.

О русском театре вчера и сегодня

• К XI веку относится первое упоминание о скоморо́хах – бродячих народных актёрах.

• В XVI – XVII веках происходит расцвет народной драмы.

• В середине XVIII века возникают русские публичные театры при учебных заведениях (в Москве, напр., при Университете). Из любительских, закрытых, эти театры перерастали в постоянные, государственные.

• В августе 1756 года был издан указ о создании общедоступного русского театра.

• В 1763 году Фёдор Волков в честь коронации Екатерины II поставил уличный карнавал.

• В 80 – 90-х годах XIX века важное значение приобретает новаторское искание в области режиссёрского искусства. Смелые поиски новых методов создания спектакля и актёрского образца отличают режиссёрскую деятельность Владимира Ивановича Немиро́вича-Да́нченко и молодого Станисла́вского.

• Реалистическое направление в русском театре получило блестящее развитие в творческой практике Московского Художественного театра, основанного в 1898 году.

• 14 октября 1898 года в помещении зимнего театра сада «Эрмита́ж» свой первый сезон знаменитый ныне Московский Художественный театр открыл спектаклем «Царь Фёдор Иоаннович» А. К. Толстого.

• Новаторские идеи Станиславского способствовали возникновению самых различных театральных течений, оказали огромное влияние на развитие сценического искусства XX века.

• По архитектурному устройству Большой театр в Москве состоит из пятиярусного зрительного зала, вмещающего более 2100 зрителей. Портал сцены Большого театра – 20,5 x 17,8 метра, глубина сцены – 23,5 метра.

(По: Большая энциклопедия Кирилла и Мефодия 96. Издано в Великобритании. CD-ROM)

3 Б

Пётр Ильич Чайковский (1840 – 1893)
мастер-симфонист, музыкальный драматург; раскрыл в музыке внутренний мир человека (от лиричной задушевности до глубочайшей трагедии), создал высочайшие образцы опер, балетов, симфоний, камерных произведений; новатор в области балета (музыка – ведущий компонент балетной драматургии); 6 симфоний (1866 – 1893); 3 концерта для фортепиано с оркестром (1875 – 1893); романсы. Профессор Московской консерватории (1866 – 1878). В 1894 г. открыт Дом-музей Чайковского в Клину́, в 1940 г. – мемориальный музей в Во́ткинске. С 1958 г. в Москве проводится Международный конкурс имени Чайковского.

Оперы: «Евге́ний Оне́гин» (1878, лирические сцены – новый тип оперы); «Мазе́па» (1883); «Череви́чки» (1885); «Чароде́йка» (1887); «Пи́ковая Да́ма» (1890); «Иола́нта» (1891).

Балеты: «Лебеди́ное о́зеро» (1876); «Спя́щая краса́вица» (1889); «Щелку́нчик» (1892).

Симфонии: Первая симфония «Зимние грёзы» (1866); Вторая симфония, Третья симфония, Четвёртая симфония (1877), Пятая симфония, Шестая симфония («Патети́ческая»), программная симфония «Ма́нфред» по Дж. Байрону.

Увертюры: «Гроза́» по пьесе А. Н. Остро́вского (1864); увертюра-фантазия «Роме́о и Джулье́тта» на сюжет В. Шекспи́ра; увертюра-фантазия «Га́млет» по Шекспиру.

Фортепианные пьесы, обработка народных песен для фортепиано «50 русских народных песен в четыре руки» (1869); музыка к пьесе А. Н. Остро́вского «Снегу́рочка», симфонические фантазии «Бу́ря» по Шекспи́ру и «Франче́ска да Ри́мини» по Да́нте, 1-ый концерт для фортепиано с оркестром, «Вариации на тему рококо́» для виолончели с оркестром; кантата «Москва», 3 оркестровые сюиты, Серенада для струнного оркестра, «Италья́нское Капри́ччио», «Торже́ственная увертю́ра», Концерт для скрипки с оркестром, 2-ой фортепианный концерт, трио для фортепиано, скрипки и виолончели «Па́мяти вели́кого худо́жника» (1881 – 1882, на смерть Н. Г. Рубинште́йна), «Большая соната» для фортепиано (1878); симфоническая баллада «Воево́да», оркестровая сюита «Моцартиа́на», 3-ий концерт для фортепиано с оркестром, секстет «Воспоминания о Флоре́нции» для смычко́вых инструментов.

Чайковский о себе

• называл себя человеком, «страстно любящим жизнь (несмотря на все её невзгоды) и столь же страстно ненавидящим смерть».

• «Я страстно люблю русского человека, русскую речь, русский склад ума, русскую красоту лиц, русские обычаи».

(По: Балабанович Е. Чехов и Чайковский. – Москва, 1973. – С. 116, 168-169.)

Современники о П. И. Чайковском

• Чехов: «Я готов день и ночь стоять почётным караулом у крыльца того дома, где живёт Пётр Ильич, – до такой степени я уважаю его».

• Рахманинов: «Он был одним из самых обаятельных художников и людей, которых я когда-либо встречал. Он отличался необычайной деликатностью ума. Он был скромен, как скромны все великие люди, и прост, как мало кто бывает».

(По: Балабанович Е. Чехов и Чайковский. – Москва, 1973. – С. 116.)

Эрмитаж в Санкт-Петербурге (от франц. ermitage – место уединения, ср. немецкий Eremit, английский hermit)

самая большая картинная галерея мира и один из крупнейших в мире художественных и культурно-исторических музеев; возник в 1764 году как частное собрание Екатери́ны II, открыт для публики в 1852 году; здания Эрмитажа – Зимний дворец (1050 комнат; построен в 1745 – 62 гг. архитектором В. В. Растре́лли), Малый Эрмитаж (построен в 1764 – 67 гг. архитектором Ж. Б. Валле́н-Деламо́т), Старый Эрмитаж (построен в 1771 – 87 гг. архитектором Ю. М. Фе́льтен), Новый Эрмитаж (построен в 1839 – 52 гг. архитектором Л. фон Кле́нце), Эрмитажный театр (построен в 1783 – 87 гг. архитектором Дж. Кваре́нги) – выдающийся архитектурный ансамбль; богате́йшие коллекции памятников древневосто́чных, древнееги́петских, античных и средневеко́вых культур, искусства Западной и Восточной Европы, археологических и художественных памятников Азии, памятников русской культуры VIII – XIX вв.; картины из голландской, фламандской, французской, итальянской, испанской и немецкой живописи, среди них произведения Леона́рдо да Ви́нчи, Тициа́на, Рафаэ́ля, Ре́мбрандта, Ру́бенса, Ван Де́йка, Эль Гре́ко, Вела́скес и Мури́льо; скульптуры Микела́нджело и Лоренце́тти; выставки с экспонатами Эрмитажа в США, Франции, Японии, Польше, Англии и других странах; выставки Лу́вра (Париж), Метропо́литена-музе́я (Нью-Йорк), Пра́до (Мадрид) …

(По: Большой энциклопедический словарь. – Москва – Санкт-Петербург, 1997.)

Архитектура России и барокко

Почему архитектурное барокко появилось в России в XVIII веке? Это связано с историей русского государства эпохи Петра I. Для новой жизни, для новых обычаев и порядков, которые вводил Пётр I, нужно было новое искусство и прежде всего новая архитектура. Вместо боярских сводчатых палат стали строить большие, светлые залы для праздников, балов, ассамблей. Часто праздники переносились из дворцов в парки. Поэтому стали возникать загородные дворцы и парковые ассамблеи. Но главным делом в это время было строительство новой столицы. Пётр I хотел построить город не так, как строилась старая Москва, а по единому, заранее составленному плану. По замыслу Петра, новая столица должна была стать центром передовой европейской культуры. Поэтому русский царь приглашал в Россию строителей и архитекторов из других стран. Одновременно посылал учиться за границу русских мастеров и дворян.

В Петербурге в середине XVIII века Растрелли построил Зимний дворец. Резиденция русских царей построена в стиле пышного барокко. Монументальные фасады здания выходят на Дворцовую площадь и набережную Невы. Фасад Зимнего дворца украшают колонны, которые стоят то по одной, то сплошными группами. Карниз здания украшен скульптурой. Вся постройка кажется лёгкой, ажурной и в то же время богатой и пышной.

(По: Большая энциклопедия Кирилла и Мефодия 96. Издано в Великобритании. CD-ROM)

Третьяковская галерея

В ней находятся лучшие образцы русского изобразительного искусства, начиная с XI века до наших дней; подарок любителя-коллекционера П. М. Третьяко́ва Москве в конце прошлого века; открытие галереи 23 апреля 1894 г.; реконструкция в 80-х и в начале 90-х годов; открытие вновь 14 декабря 1994 г.; в первые годы ежедневно около трёхсот, сегодня более пяти тысяч посетителей; теперь 7,2 тысяч квадратных метров; 61 зал; более 100 тысяч примеров русской живописи XVIII – XX веков, иконопись, произведения графики и скульптуры; показ одной трети фондов галереи; основной фонд: картины передвижников – Крамско́го, Перо́ва, Ре́пина, Су́рикова, Ши́шкина, Серо́ва, Савра́сова, Вру́беля, Васнецо́ва, Куи́нджи и многих других.

Василий Григорьевич Перов (1834 – 1882)

представитель демократического искусства 60-х годов XIX века; один из основателей и организаторов Товарищества передвижников; вырос в простой семье; главная тема его творчества: жизнь простого народа; жанровые картины, обличающие нравы крепостных крестьян России («Се́льский кре́стный ход на Па́схе», 1861 г. [По свету. – 1994. – № 5. – С. 22.]), проникнутые горячим сочувствием к народу («Про́воды поко́йника», 1865 г., «Тро́йка», 1866 г. [LB, S. 62]; «Прие́зд гуверна́нтки в купе́ческий дом» [По свету. – 1994. – № 1. – С. 13.]; «Гитари́ст-бобы́ль» [LB, S. 65]; «Спя́щие де́ти»; «Старики́-роди́тели на моги́ле сы́на», посвящённые русской природе, охоте («Охо́тники на прива́ле» [По свету. – 1995. – № 2. – С. 16.], «Птицело́в»; «Рыболо́в»; «Бота́ник»), психологические портреты («А. Н. Остро́вский», 1871 г.; «Ф. М. Достое́вский», 1872 г. [По свету. – 1994. – № 5. – С. 23.]); большинство произведений в московской Третьяковской галерее.

Сочувствие бедным и слабым выражено в скромном по размеру и по живописи полотне мастера «Гитарист-бобы́ль» (1865). На картине изображён одинокий мужчина, печально играющий на гитаре. Недопитый стакан, бутылка вина, старый картуз, брошенный рядом, потрёпанная шубейка на плечах – все эти детали говорят о том, что этот человек недоволен своей жизнью. Он несчастлив. Картина написана серыми красками, что создаёт грустное настроение. Написанная в пору расцвета, в один год со знаменитым полотном «Проводы покойника» (1865), эта простая сценка отражает большую душевность и искренность художника. Портреты Перова отличаются проникновением в глубины человеческой души.

Некрасов, Перов и «Тройка»

«Тройка» – это печальный рассказ о детях, у которых нет настоящего детства. Об их тяжёлой, безрадостной жизни писал Н. А. Некрасов в стихотворении «Плач детей»:

Равнодушно слушая проклятья
В битве жизни гибнущих людей,
Из-за них вы слышите ли, братья,
Тихий плач и жалобы детей?

Илья Ефимович Репин (1844 – 1930)

отдал 60 лет своей жизни искусству; изображал не только сцены из истории России и из жизни русского народа; переписывал почти все свои картины 10 – 12 раз; знаменитые работы: «Бурлаки на Волге», «Не ждали» (LB «Привет! 2», S. 144), «Иван Грозный и сын его Иван» (LB, S. 19), «Запорожцы пишут письмо турецкому султану» (Сыров С. Н. Страницы истории. – Москва, 1987. – С. 90.); писал много портретов, например, портреты Л. Н. Толстого, И. И. Шишкина, А. Г. Рубинштейна, М. П. Мусоргского; научился работать левой рукой, когда в старости не смог писать правой. Репин много лет был связан дружбой с Мусоргским; когда он писал его портрет, Мусоргский был уже очень больным; писал его всего четыре дня.

Валентин Александрович Серов (1865 – 1911)

ученик Репина; писал исторические и жанровые картины, портреты и пейзажи, открыл новые пути для портретного жанра; главным в его портретах стало изображение характера человека; написал картину «Девочка с персиками» (LB, S. 65): наполнена радостными красками; тонко передаёт свет и воздух; колорит – розовое и золотое; всё в картине удивительно жизненно и естественно; комната, залитая золотистым дневным светом, девочка в розовой блузке; сидит за столом, спиной к окну, весь силуэт её светится; карие глаза лучатся; в руках персики; на белой скатерти – листья клёна, персики и нож; за окном – светлый летний день: рассказ о характере, настроении, мечтах девочки; художнику было всего 23 года, когда он написал картину; писал её в Абрамцево, где многие годы собирались интереснейшие люди России: писатели, художники, композиторы, артисты; портрет Веры Мамонтовой, дочери известного промышленника и мецената Саввы Ивановича Мамонтова, которому до 1917 года принадлежала усадьба Абрамцево.

Иван Иванович Шишкин (1832 – 1898)

его центральная тема: лес; «царь леса», «лесной богатырь»; считается самым крупным пейзажистом России; написал знаменитое «Утро в сосновом лесу» (LB, S. 65) – картина: медвежье семейство резвится в глухой чаще, окутанной лёгкой дымкой. Тихо вокруг, природа только-только пробуждается от сна и оживает под первыми лучами солнца…

«Если мы дальше будем так безумно относиться к природе, то нашим детям придётся ходить в музей, чтобы на картинах Шишкина увидеть, как выглядел раньше русский лес», – можно сейчас услышать в России.

В шутливой анкете Шишкин на вопрос «Мой девиз?» ответил: «Да здравствует Россия!» Рисовать он начал с малых лет – то мелом, то углём на стенах, дверях и заборах.

Исаак Ильич Левитан (1860 – 1900)

учит нас видеть природу, её красоту; выражает огромную радость жизни; в его картине «Март» (LB, S. 65) много света, солнца, тепла, живая природа; показывает, как приходит весна – как тёмного снега на земле скоро не будет. Зритель не только видит, но будто и слышит природу, полную весенних шумов. Так возникает образ природы – не статичной и застывшей, не «остановленное мгновение красоты», а природы живой, пульсирующей.

Василий Владимирович Пукирев (1832 – 1890)

написал известную картину «Неравный брак» (LB, S. 65), изобразил свадьбу молодой невесты с богатым стариком против желания девушки, потому что этого её родители так желали (LB «Привет! 2», S. 145, LE «Привет! 2», S. 90). Самая известная картина Пукирева; рассказывает о своей личной трагедии; любимую им девушку против её воли выдали замуж за богатого старика; её он изобразил на картине; стоящий сзади жениха и невесты молодой человек со скрещёнными руками – сам Пукирев; протестовал против бесправия женщины, которую покупают и продают, как вещь, против лицемерия церкви, которая своим авторитетом освятила эту сделку.

Рекомендательный список литературы:

18 русских имён XVIII века. – NRB. – Berlin, 1995.
19 русских имён XIX века. – NRB. – Berlin, 1994.
20 русских имён XX века. – NRB. – Berlin, 1993.
Сыров С. Н. Страницы истории. – Москва, 1987.
Островский Г. Рассказ о русской живописи. – Москва, 1989.
Гомберт-Вержбинская Э. Передвижники: Книга о мастерах русской реалистической живописи от Перова до Левитана. – Ленинград, 1961.

Zusatzangebote

3 A

1. Придумайте и напишите биографию гувернантки (LB S. 46-47).
2. Напишите сценарий к рассказу «Размазня» Чехова для современной постановки пьесы.
3. Почему Чехов занимался во многих рассказах жизнью слабых в обществе?
4. Инсценируйте один из рассказов Чехова или другого русского писателя.
5. Опишите портрет главного героя своего любимого рассказа или романа.
6. Подготовьте викторину на тему «Мировая художественная литература». Придумайте вопросы и три ответа на каждый вопрос.

7. *Отец и сыновья*

Отец говорил сыновьям: «Живите в согласии». Они не слушались отца и часто ссорились. Вот отец просит принести веник и говорит сыновьям: «Сломайте!».

Сколько они ни хотели, не могли сломать. Тогда отец развязал веник и просил сыновей ломать по прутику. Они сломали все прутья. Отец и говорит: «Так и вы. Живите в согласии, тогда вас никто не одолеет. Не ссорьтесь, а то вас всякий легко погубит».

(По Л. Н. Толстому.)

К какому литературному жанру относится текст «Отец и сыновья»?

Придумайте и напишите продолжение и конец к тексту «Отец и сыновья».

Перепишите текст «Отец и сыновья», актуализируя действие, и сыграйте сценку.

8. Расскажите о своей любимой книге. Кто её написал и почему вы считаете именно этого автора хорошим?

9. Проведите дискуссию на тему «Могут ли радио, телевизор и компьютер заменить художественную литературу»?

3 Б

1. Сравните творчество и идеалы Чехова и Чайковского и скажите, что их объединяет, а что в их творчестве особенное, неповторимое.

Мнения о Чайковском и Чехове

• «… если у Чайковского музыка говорит, то у Чехова слово поёт».

• Необычно острое чувство трагических контрастов действительности органически присуще творческим индивидуальностям Чехова и Чайковского.

• Трагическое для обоих художников конфликт человека с силами, унижающими его достоинство, искажающими его добрую природу, стоящими на пути к полной творческой жизни, конфликт с окружающей средой, обществом, жизнью.

• Они страстно стремятся к гармонии, радости, творческой полноте жизни.

• Оба относились к детям, как равные к равным; умели проникнуть в душу детей, радоваться их радостями. Тема детства занимает немаловажное место в их творчестве. В 1889 году вышел сборник рассказов Чехова «Детвора». Чайковский создал цикл замечательных фортепианных миниатюр «Детский альбом», шестнадцать песен для детей и балет «Щелкунчик», названный Б. В. Асафьевым «гениальной симфонией детства, и детских дум, и детских игр, и детской любви».

• Для обоих художников типичны внутреннее изящество, душевное благородство, доброта, внимание к человеку, большой, тонкий ум, лиризм и чувство юмора — всё это сближало писателя и композитора.

2. Напишите названия своих пяти любимых музыкальных произведений.

3. Работая в группах, запишите на кассету отрывки из популярных музыкальных произведений и проведите музыкальную викторину. После про-

слушивания каждого отрывка одного из музыкальных произведений другие группы должны назвать имя автора, исполнителя, название произведения.

4. Как вы думаете, что хотела выразить этим стихотворением поэтесса?

Какие строки подтверждают, что посещение театра для девочки означает праздник?

А как вы относитесь к театру? Почему вы (не так часто) ходите в театр? Что вы ожидаете от театра?

Агния Барто
В театре   *1946 г.*

Когда́ мне бы́ло
Во́семь лет,
Я пошла́
Смотре́ть бале́т.

Мы пошли́ с подру́гой Лю́бой,
Мы в теа́тре сня́ли шу́бы,
Сня́ли тёплые платки́.
Нам в теа́тре, в раздева́льне,
Да́ли в ру́ки номерки́.

Наконе́ц-то я в бале́те!
Я забы́ла всё на све́те!

Да́же три помно́жить на́ три
Я сейча́с бы не смогла́.
Наконе́ц-то я в теа́тре!
Как я э́того ждала́!

Я сейча́с уви́жу фе́ю
В бе́лом ша́рфе и венке́.
Я сижу́, дыша́ть не сме́ю,
Номеро́к держу́ в руке́.

Вдруг орке́стр гря́нул в тру́бы!
Мы с мое́й подру́гой Лю́бой
Да́же вздро́гнули слегка́.
Вдруг ви́жу — не́ту номерка́.

Фе́я кру́жится по сце́не —
Я на сце́ну не гляжу́.
Обыска́ла все коле́ни —
Номерка́ не нахожу́.

Мо́жет, он
Под сту́лом где-то?
Мне тепе́рь не до бале́та!

Укати́лся он куда́-то…
Я в девя́тый ряд ползу́.
Удивля́ются ребя́та:
— Кто там по́лзает внизу́?

По сце́не ба́бочка порха́ла —
Я не вида́ла ничего́:
Я номеро́к везде́ иска́ла
И наконе́ц нашла́ его.

Но тут как раз зажёгся свет,
И все ушли́ из за́ла.
— Мне о́чень нра́вится бале́т, —
Ребя́там я сказа́ла.

(Барто, Агния. Твои стихи. — Москва, 1960. — С. 155-157.)

1. Разыграйте диалоги по следующим ситуациям.
• Вы хотели бы пойти в Эрмитаж, но не знаете, когда он работает. (с 9 – 20 ч.)
• Вы хотели бы посетить Третьяковскую галерею, но не знаете, как туда доехать.
2. Посоветуйте русским гостям, какие достопримечательности вашего города стоит осмотреть, где они находятся, как можно попасть туда, когда работают музеи, выставки и т. д.
3. Вы должны оформить альбом шедевров мировой архитектуры. Покажите своим одноклассникам фотографии и открытки тех архитектурных памятников, которые вы выбрали, расскажите по-русски об этих достопримечательностях.
4. Подберите материал об истории русского театра (s. Landeskundliche Informationen S. 13.

1. Расскажите, какое впечатление произвели на вас произведения русской живописи, что вам особенно понравилось, какие картины вы хотели бы увидеть в оригинале.
2. Расскажите о жизни и творчестве своего любимого художника: художник и его время – биография – самые знаменитые произведения – основная тема его творчества – описание одной из картин.
3. Выскажите своё мнение о данных высказываниях.
• Нравится или не нравится картина – это дело вкуса.
• Чтобы понимать живопись, нужно иметь художественное образование.
• Искусство портрета уходит в прошлое, а будущее будет связано с фотографией.

4 Просторы России

Landeskundliche Informationen

Эмблема Российского государственного герба уходит корнями в глубины средневековья. В 1497 году на печати Ива́на III впервые появились две фигуры. На лицевой стороне – Всадник, поражающий дракона. Тем самым Иван III хотел подчеркнуть, что власть над русскими землями – в его руках. На оборотной же стороне печати возникла совершенно новая фигура – двуглавый орёл, заимствованный из византийской символики и олицетворяющий абсолютную и могучую власть. Гордая птица была изображена без каких-либо атрибутов. Орёл, объединённый со Всадником, и стал государственной эмблемой.
В начале XVIII века, при Петре́ I, фигура Всадника переосмысливается как образ Свято́го Гео́ргия, поражающего Змея. Значение данной аллегории ясно: добро борется со злом.
В течение долгого времени двуглавый орёл то терял, то приобретал различные атрибуты и регалии.

Современный тип российского бело-сине-красного государственного национального флага сформировался в петровскую эпоху. В подборе цветов для него значительную роль сыграла отечественная традиция. Царские грамоты скреплялись печатью из красного воска, под красным балдахином государи являлись народу. Сине-голубой тон считался цветом Богоматери, покровительницы России. Белый цвет был символом свободы и величия. В народном сознании бело-сине-красные цвета означали ещё и такие человеческие ценности, как благородство, честь и мужество.

В 1896 году, при императоре Никола́е II, было решено, что право именоваться «российским», «государственным» имеет лишь бело-сине-красный флаг.

О гимне
Вплоть до XVII века во время государственных церемоний и событий общегосударственного значения исполнялись православные церковные песнопения. Первым официальным государственным гимном России была «Молитва русских», слова которой в начале XIX века написал поэт Васи́лий Жуко́вский. Что примечательно, два последних куплета к ней досочинил молодой Алекса́ндр Пу́шкин.
Рождение второго официального гимна – «Бо́же, царя́ храни́» – связано с устремлением царской династии укрепить свою власть. В революционное время гимны менялись: сначала исполнялась «Русская Марселье́за», затем, по предложению Ленина, – «Интернационал». В 1943 году, по заданию Сталина композитор Алекса́ндр Алекса́ндров и поэты Серге́й Михалко́в и Га́рольд Эль-Региста́н написали новый государственный гимн – «Союз нерушимый».
Сегодня национальным гимном России является классическая мелодия великого, исконно русского композитора Миха́йла Гли́нки. К сожалению, она пока не имеет своего поэтического текста. В 1990 году в Москве был объявлен всероссийский конкурс на лучшие стихи для молодого национального гимна, но он ещё не завершён.
(По: Спутник. – 1995. – № 6. – С.13-16.)

Белая Русь – название белорусских земель в XIV – XVII веках;

Малая Русь – историческое название Гали́цко-Волы́нской земли в XIV – XV веках и территория Поднепро́вья (Украина) в XV – XVI веках;

Великая Россия – официальное название со второй половины XVII века Европейской части Русского государства, где жили русские. В XIX до начала XX вв. называлась Великоросси́я. Она имела 30 губерний.

Население России
В Российской Федерации живёт более 130 народов и 147.022.000 человек, в том числе 119.866.000 русских (81,53%). По численности населения второе и третье места занимают татары (5.522.100 = 3,76%) и украинцы (4.363.000 = 2,97%). 73% российского населения живёт в городах. В Российской Федерации около 1100 больших городов, среди которых 13 имеют население по миллиону и более человек. Самые крупные города России – Москва (9 млн.), Санкт-Петербург (4,5 млн.), Ни́жний Но́вгород (1,5 млн.), Новосиби́рск (1,4 млн.).
В Европейской части России значительно больше городов, чем в Азиатской части (соответственно 826 и 211) и при количестве больших городов 127 и 38. Почти во всех российских городах, численность населения которых более миллиона жителей, имеется метро.

Белые ночи в России
Белые ночи бывают в некоторых северных городах России в начале лета. Их продолжительность зависит от географической широты места. В Санкт-Петербурге, например, белые ночи длятся с 11 июня по 2 июля, в Арха́нгельске – с 13 мая по 30 июля, в Петрозаво́дске – с 27 мая по 17 июля. Белые ночи, светлые ночи в начале лета бывают на широтах, превышающих 60°, когда центр Солнца в полночь опускается под горизонт не более чем на 7°.
(По: История России: Атрибуты государственности. Учебное пособие. – Санкт-Петербург, 1997.)

Камчатка
полуостров на северо-востоке Азии. Омывается Ти́хим океа́ном, Охо́тским и Бе́ринговым моря́ми. Вытянут на 1200 км. 370 тыс. км². Пересечён в центральной части хребтами – Срединным и Восточным, между ними – Центральнокамчатская низменность с рекой Камчатка. На Камчатке свыше 160 вулканов (28 действующих). Наиболее высокий (4750 м) – Ключевска́я Со́пка. Горячие минеральные источники и гейзеры.

4 Б

Калининград
до 1946 г. Кёнигсберг, основан в 1255 г. немецкими крестоносцами; стал прусской резиденцией герцогов и королей; в 1544 г. основан университет «Альбертина»; место творчества великого философа Имма́нуила Ка́нта и известного писателя, художника и композитора Э. Т. А. Го́фмана; во время второй мировой войны разрушен; до 1945 г.

центр Восточной Пруссии; переименован в честь М. И. Кали́нина в Калинингра́д; переселение русских, украинцев, белорусов и многих других в Калинингра́дскую область; стал закрытым городом: важная военно-морская база СССР. С 1990 г. статус «свободной экономической зоны»; центр транзитной торговли; 3 вуза, 2 театра, музей янтаря, могила И. Канта. Добывается 90 % всего янтаря планеты; база рыбопромыслового и транспортного флота; машиностроение и металлообработка; лёгкая промышленность. Начало контактов между немцами и жителями Калининграда с 1991 г.; открытие «Немецко-русского дома», публикация газеты „Königsberger Express“ с 1993 года.
(По: Большой энциклопедический словарь. – Москва – Санкт-Петербург, 1997.)

Иммануил Кант (1724 – 1804)
основатель немецкой классической философии; профессор университета в Кёнигсберге, член Петербургской Академии наук (с 1794 г.). В 1747 – 55 гг. разработал гипотезу происхождения солнечной системы из первоначальной туманности (1755 г.). Развивал с 1770 г. «критическую философию».

Михаил Иванович Калинин (1875 – 1946)
политический деятель; член ЦК КПСС с 1919 г.; с 1938 г. президент Верховного Совета СССР; санкционировал массовые репрессии 30 – 40-х годов.
(По: Большая энциклопедия Кирилла и Мефодия 96. Издано в Великобритании. CD-ROM)

4 В

Аральское море (Арал)
бессточное солёное озеро-море в Узбекиста́не и Казахста́не. К 1900 г. площадь составила 36.500 км². Средняя глубина 10 – 15 м, наибольшая – 54,5 м. Свыше 300 островов. С начала 60-х гг. XX века уровень Аральского моря сильно падает в связи с интенсивным забором вод впадающих рек на сельскохозяйственные нужды: воды Сырдарьи́ и, в отдельные годы, Амударьи́ не доходят до моря.
Аральское море сегодня – зона экологического бедствия. Происходит опустынивание прилегающих территорий, изменение социально-экономической структуры Приара́лья.
Необычную гипотезу о причинах подъёма воды в Каспийском море высказал геолог К. Шпак. Он считает, что в результате сильных землетрясений в недрах региона между Аралом и Каспийским морем образовалось много трещин. Так как уровень Арала на 80 метров выше уровня Каспия, то аральская вода двинулась по ним именно в эту сторону. Запаса воды в Арале хватит, чтобы уровень воды в Каспийском море поднялся ещё на 2,3 метра. Гипотеза не лишена логики. В то же время против неё – история. Подобные катаклизмы на планете происходили часто, то спады, то подъёмы Каспия колеблются с периодичностью в 80 – 100 лет.

Байкал

Пресноводное озеро на юге Восточной Сибири. Расположено на высоте 456 м и окружено горами. 31,5 т. км², длина 636 км, средняя ширина 48 км. Самое глубокое (до 1620 м) в мире. Впадают 336 рек, вытекает река Ангара́. 27 островов (крупнейший Ольхо́н). Замерзает в январе, вскрывается в мае. Богатая флора и фауна.

Байкал в составе Баргузи́нского и Байка́льского заповедников. Прибайкальский национальный парк. В результате человеческого воздействия ухудшилась экологическая обстановка; ведётся поиск научно обоснованных путей восстановления природных комплексов Байкала.

Чернобыль

город в (на) Украине, Киевская область, на реке При́пять, авария (апрель 1986 г.) на Черно́быльской АЭС (в 18 км от Черно́быля, в городе При́пять), население Чернобыля эвакуировано; 15 миллионов людей, пострадавших от катастрофы; 126 тысяч человек, погибших от радиации; 50 тысяч квадратных километров земли заражено продуктами полураспада.

Родники вдоль нефтяной реки

На территории Татарста́на много нефтепроводов. Но всё-таки здесь очень много чистых, обустроенных роднико́в. У каждого источника можно видеть табличку, в которой указано сколько в воде хлоридов, сульфидов и т. д. Можно видеть женщин, которые берут воду из родника и дают пить своим маленьким детям.

Самое удивительное: почти все ожившие родники – работа нефтяников. Руководство «Татнефти», действуя по программе «Экология», предприняло меры по очищению и обустройству родников.

(По: Спутник. – 1997. – № 2. – С. 65-67.)

Заповедники в России

Система российских заповедников не имеет аналогов в мире. Она занимает 1,5 процента территории Российской Федерации, включает в себя 94 государственных природных заповедника и 31 национальный парк, в которых сохраняются редкие виды растений и животных и поддерживается экологическое равновесие.

Рекомендательный список литературы:
Götz, U., Halbach, U.: Politisches Lexikon Russland. – München, 1994.
Michalowski, B.: Stichwort: Rußland. – München, 1993.
Fisher-Ruge, L.: Freiheit auf Russisch: Der harte Alltag im neuen Moskau. – Stuttgart, 1995.
Ruge, G.: Weites Land: Russische Erfahrungen – Russische Perspektiven. – Berlin, 1996.
Здравствуй, дерево. – NRB. – Berlin, 1996.
Ла́ппо, Г. М. Города России. – Москва, 1994.
Большой энциклопедический словарь. – Москва – Санкт-Петербург, 1997.

Zusatzangebote

4 A

1. Запишите как можно больше слов и словосочетаний, которые называют:
1. средства транспорта, 2. достопримечательности в вашей земле, 3. возможности провести каникулы.

2. Каким образом вы любите путешествовать: пешком, на велосипеде, на машине, на автобусе, на лодке, на пароходе, на самолёте? Почему?

3. Расскажите об одном из своих путешествий, отвечая на следующие вопросы.
1. Как вы готовились к поездке? 2. Куда вы ездили? Почему? С кем? 3. Где вы побывали? 4. Что вы осматривали? Что произвело на вас глубокое впечатление? 5. Какие сувениры вы купили? 6. Как вам понравилось путешествие?

4. Что вы скажете в следующих ситуациях? Составьте диалоги.
Вы хотите:
1. познакомиться с русским юношей или русской девушкой,
2. больше узнать о его (её) родном городе или родной деревне,
3. узнать о его (её) целях поездки и планах на каникулы,
4. пригласить его (её) к себе домой.

5. Определите маршрут своего путешествия: а) по Европейской части России, б) по Сибири.

6. Кого и что вы хотели бы взять с собой в путешествие во время каникул? Обоснуйте свой выбор.

4 Б

1. Разыграйте диалог.
Вы в Калининграде. В автобусе вы едете «зайцем», т. е. едете без билета; вдруг входит контролёр.

2. Выберите русский город, который вас интересует, и расскажите о нём. Обоснуйте свой выбор.

3. Вам предлагают автобусную экскурсию по городу. Одни из вас хотели бы совершить пешеходную экскурсию, другие хотят поехать. Приведите аргументы в пользу того и другого вида экскурсии.

4. Вы согласны с мнением, что «туризм – лучший отдых»? Аргументируйте свой ответ.

4 В

1. Дополнительная лексика на тему «Человек и окружающая среда».

альтернати́вная эне́ргия	alternative Energie
аэрозо́льная упако́вка	Spray(dose)
бытово́й му́сор	Haushaltsmüll
вре́дные вещества́	schädliche Stoffe (Substanzen)
вторичное испо́льзование	Recycling
втори́чное сырьё	Sekundärrohstoffe
выхлопны́е га́зы	Auspuffgase
гербици́ды	Herbizide

ги́бель лесо́в	Waldsterben
грунтовы́е во́ды	Grundwasser
диокси́д (двуо́кись) се́ры	Schwefeldioxid
дым	Rauch
кисло́тный дождь	saurer Regen
му́сорная сва́лка	Mülldeponie
мусоросортиро́вочный заво́д	Müllsortierungs-anlage
нефтяна́я плёнка	Ölteppich
озо́новый слой	Ozonschicht
озо́новая дыра́	Ozonloch
отхо́ды (промы́шленности)	Abfall (Industrie-)
очистны́е сооруже́ния	Klärwerke
парнико́вый эффе́кт	Treibhauseffekt
пестици́ды	Pestizide
пробле́ма му́сора	Müllproblem
полихлорвини́л	PVC
радиоакти́вные отхо́ды	Atommüll
се́ра	Schwefel
смог	Smog

2. Напишите как можно больше слов на тему «приро́да».

3. Какие экологические проблемы есть в вашем городе, в вашей земле? Как бы вы решили их?

4. Какие факторы говорят о том, что жизнь на земле в опасности?

5. Расскажите о роли «Гринписа» или других организаций-защитников природы и о вашем отношении к ним.

6. Обсудите мнение: «По-моему, вообще бесполезно думать об охране природы, пока каждый делает, что хочет».

7. Напишите статью на тему «Охранять природу – значит охранять человечество».

8. Прочитайте и переведите с помощью словаря стихотворение Андре́я Дми́триевича Деме́нтьева. О чём оно? Актуальна ли проблематика в наши дни? Аргументируйте своё мнение.

Что же натвори́ли мы с приро́дой?
Как тепе́рь нам ей смотре́ть в глаза́?
В тёмные отра́вленные во́ды,
В па́хнущие сме́ртью небеса́.

Ты прости́ нас, бе́дный колоно́к[1],
И́згнанный, затра́вленный, уби́тый …
На плане́те, Бо́гом позабы́той,
Мир от преступле́ний изнемо́г[2].

[1]sibirischer Nerz; [2]hier: verschmachtete; versagte
(Огонёк. – 1990. – № 16. – С. 14.)

---

5 Загадки русской души

Landeskundliche Informationen

5 Б

Новый год

Новый год в Древней Руси начинался 1 марта. В 1492 году «новогодие» было официально перенесено на сентябрь. Только Пётр I решил сравнять российское летосчисление с европейским и с 1 января 1700 года ввёл в России юлианский календарь. В феврале 1918 года Россия приняла вместо юлианского календаря более точный григорианский, передвинув время вперёд сразу на 13 дней. Так, в России Новый год празднуется дважды: по новому стилю в ночь на 1 января, по старому стилю – в ночь на 14 января. Лишь в 1935 году появились на праздновании Дед Мороз и Снегурочка.

Гадания на Новый год

На Новый год гадания являются самыми верными, так считают в народе. Гаданием, как правило, занимаются девушки, чтобы узнать о своём будущем женихе. Собравшись вместе, девушки льют (плавят) олово над посудой с холодной водой и по фигуркам, застывшим в воде, определяют, когда они выйдут замуж. Гадают также в банях: долго и внимательно смотрят в зеркало и «видят» отражение своего будущего жениха.

Рождество

После календарной реформы Рождество отмечается Русской православной церковью после Нового года – 7 января. Дню Рождества предшествует сочельник (завершается Рождественский пост): с него начинаются святки, которые длятся 12 дней.
В народе считают, что если в рождественскую ночь будет много звёзд, то будет богатый урожай, а в лесу – много ягод. Метель на Рождество – пчёлы будут хорошо роиться.
После службы в церкви начинаются колядования: парни и девушки компаниями ходят по дворам славить Христа, за что получают маленькие подарки, сласти, монетки.

Крещение

19 января, православный зимний праздник. Им завершаются святки. Раньше в этот день вся Москва была на улицах и льду Москвы-реки. Многие мужественные люди раздевались и прыгали в ледяную воду, а люди, стоявшие там, были в восторге.
Женщины набирали из проруби в посуду «иорданской водицы» и несли её домой. Крещенской водой поили домашних животных, чтобы лучше размножались. Весной этой водой разбавляли вино, которое употребляли как лекарство от всех болезней.
(По: Россия. – 1995. – № 1. – С. 86-89.)

Свадебные юбилеи в России

Подарки на годовщины бракосочетания имели свою особую символику. Так, после первого года совместной жизни (бумажная свадьба) муж дарил жене вещь, сделанную из бумаги. Двухлетие супружества (соломенная свадьба) отмечалось подарком, сделанным из соломы, а после трёх лет совместной жизни (конфетная свадьба) – муж приносил жене в подарок конфеты. Со временем в русском языке сохранились лишь три наименования свадебных годовщин: серебряная (25-летний юбилей), золотая (50-летний юбилей) и бриллиантовая (или алмазная, 75-летний юбилей). По древнему обычаю, юбиляры дарят друг другу в такие годовщины серебряные, золотые и бриллиантовые вещи. Слово **«невеста»** означает неизвестная. Это указывает на тот русский обычай, когда жених мог видеть невесту только перед венчанием, потому что оба сочетались браком по воле не своей, а родительской.

«Дру́жка» руководит всей свадьбой. Обычно им становится тот, кто умеет хорошо петь, танцевать и развлекать гостей на свадьбе.

Свадьба

Сегодня у русских цвет платья невесты – белый. Но в старину на Руси наряд невесты был красный – цвет радости и начала семейной жизни. Ещё в IV веке сложился статус белой фаты для христианской невесты, как символ непорочности и чистоты, а чёрная фата наделяется траурной символикой.

В русской деревне фату для невесты делали из ткани, которую набрасывали ей на голову. После прибытия молодых из церкви в дом мужа он снимал с неё фату, а вместо неё на молодую надевали праздничный головной убор. В день свадьбы невеста надевала богато украшенную свадебную корону.

И сегодня свадебный наряд – это белое платье, белая фата и венок из цветов. При этом, как и прежде, они символизируют чистоту и скромность невесты.

(По: Аргументы и Факты. – 1995. – № 45.)

Русская православная церковь (РПЦ)

самая крупная из церквей России. Основана в конце X века. Возглавляли митрополиты, подчинявшиеся Константино́польскому патриарху; пребывали в Киеве, с конца XIII в. – во Влади́мире, с 1328 г. – в Москве. Патриаршество учреждено в 1589 г., упразднено в 1721 г., восстановлено в 1917 г. По Духовному регламенту церковь в 1721 г. подчинена государству, управлялась Сино́дом. После Октябрьской революции в 1918 г. отделена от государства. Управляется патриархом с участием Свяще́нного сино́да. Верховная власть принадлежит Поме́стному собо́ру. Духовно-административный центр – в Москве в Свя́то-Дани́ловом монастыре́. Административно разделяется (с 1991 г.) на 93 епархии (в том числе 10 за рубежом), 1 экзархат, 17 викариатств (в том числе зарубежных). Имеет 2 духовные академии, 7 семинарий, 13 духовных училищ, 80 монастырей.

(По: Большая энциклопедия Кирилла и Мефодия 96. Изг. в Великобритании. CD-ROM.
Большой энциклопедический словарь. – Москва – Санкт-Петербург. – 1997.)

Храм Христа Спасителя – жертва великого созидания

Там, где в последние десятилетия находился самый крупный в мире бассейн «Москва», сегодня опять построили церковь.

На Рождество 1812 г. Алекса́ндр I издал манифест о строительстве в Москве церкви в честь победы русского народа над наполеоновской армией.

Храм Христа́ Спаси́теля начали строить 12 октября 1817 года на Воробьёвых гора́х. После смерти Александра I строительство приостановили. В связи с 25-ой годовщиной Бородинской битвы Николай I утвердил новый проект, выполненный архитектором К. То́ном, создателем Большо́го Кремлёвского дворца́.

Храм был построен в традиционном византи́йско-русском стиле на берегу Москвы-реки, откуда хорошо виден Кремль. Строительство продолжалось более сорока лет. 26 мая 1883 года, в праздник Вознесе́ния Госпо́дня, состоялось освящение «кафедра́льного во имя Христа Спасителя собора», символизировавшего мощь и славу России.

Здание храма не казалось огромным, несмотря на свои огромные размеры: площадь 6828 квадратных метров способна была вместить до 10 тысяч человек; высота – 103,5 метра. Здание имело форму креста, так что храм выглядел одинаково со всех сторон. Мощный центральный купол, окружённый четырьмя малыми, венчался гигантским крестом (8,5 метра). На покрытие куполов и крестов пошло 422 килограмма золота. Роспись храма осуществляли лучшие живописцы: Крамско́й, Мако́вский, Су́риков и другие. Расходы на сооружение составили большую по тем временам сумму – 15 миллионов рублей. Он строился на века, а не дожил и до своего пятидесятилетия.

С приходом Советской власти храм Христа Спасителя некоторое время был центром церковной жизни столицы. Скоро газеты призывали к «антирождественским» и «антипасхальным» демонстрациям. Началась кампания против церкви. Многие священнослужители подвергались репрессиям.

5 декабря 1931 года храм Христа Спасителя был разрушен. На его месте предполагалось построить Дворец Советов. По проекту, утверждённым Сталиным, дворец должен был быть высотой 415 метров, включая стометровую статую Ленина на вершине. Храм Христа Спасителя был разрушен, а этот «эпохальный» проект, который должен был стоить 4 миллиарда рублей, так и не был осу-

ществлён. Помешала война. Гигантский котлован, взрытый для фундамента Дворца, в 1960 году превращён в бассейн «Москва». В начале 90-х годов его закрыли.

В конце XX века новая Россия построила новый храм Христа Спасителя. Это большая церковь – символ новой власти и воплощение национальной идеи. Строительство нового храма стоило около 500 миллионов долларов. Российское правительство создало символ новой России, символ возрождения национально-патриотических традиций, символ единства Правительства и Церкви, символ новой государственности.

Новый Храм Христа Спасителя был освящён в честь 850-летия города Москвы в 1997 году.
(По: Спутник. – 1991. – № 3. – С. 96-101;
Новая Берлинская газета. – 4. 10. 1996. – С. 6.)

Русская православная зарубежная церковь (РПЗЦ)

образовалась в период Гражданской войны. Отделилась от Русской православной церкви после декларации митрополита Се́ргия (1927 г.), призвавшего к сотрудничеству с Советской властью. Не признаёт иерархического руководства РПЦ в лице Московской патриархии. Возвращение в состав РПЦ считает возможным после покаяния иерархов РПЦ в сотрудничестве с атеистической властью. Духовно-административный центр находится в США. С 1990 г. имеет Су́здальский прихо́д в России (решение не признано РПЦ).
(По: Большой энциклопедический словарь. – Москва – Санкт-Петербург, 1997.)

Как держаться в православной церкви

Входя в церковь, надо перекреститься и поклониться три раза: Господу, святым и людям. Мужчины находятся в храме с непокрытой головой, женщины с покрытой.

Войдя в храм, принято прикладываться к «праздничной» иконе. По желанию можно поставить свечи перед какой-нибудь иконой: их покупают у входа.

Свечи за упокоение души умерших ставят в специальное место – на канун (панихи́дный столик). Во время службы в православных храмах стоят, но больные и старые могут сидеть. Стоять нужно лицом к алтарю. Когда священник смотрит в вашу сторону, читает Ева́нгелие, произносит слова «мир всем» – принято склонять голову. Опаздывать на Литургию или уходить раньше нельзя (неуважение к таинству). В православной церкви нельзя разговаривать.
(По: Неделя. – 1996. – № 1. – С. 21-27.)

Десять заповедей[1], которые люди узнали от Бога через Моисея.

1. Я Господь Бог твой. Да не будет у тебя других богов, кроме Меня.
2. Не сотвори себе кумира[2] и никакого изображения того, что на небе вверху, и что на земле внизу, и что в воде ниже земли, не поклоняйся[3] им и не служи им.
3. Не произноси имени Господа Бога твоего напрасно[4].
4. Помни день субботний, чтобы святить[5] его: шесть дней работай и делай в них всякие дела твои, а день седьмой, суббота, Господу Богу твоему.
5. Почитай[6] отца твоего и мать твою, чтобы продлились дни твои на земле, и чтобы хорошо тебе было на той земле, которую Господь, Бог твой, даёт тебе.
6. Не убивай[7].
7. Не прелюбодействуй[8].
8. Не кради[9].
9. Не произноси ложного свидетельства[10] на ближнего твоего.
10. Не желай дома ближнего твоего, не желай жены ближнего твоего, ни поля его, ни раба его, ни вола[11] его, ни осла его, ничего, что у ближнего твоего.

[1]Gebote; [2]fertige dir kein Gottesbild an;
[3]wirf dich nicht nieder; [4]unnütz; [5]heiligen; [6]ehre;
[7]Du sollst nicht töten; [8]Du sollst nicht ehebrechen;
[9]Du sollst nicht stehlen; [10]nichts Unwahres; [11]Ochse
(По: Библия: Книги священного писания Ветхого и Нового завета. – Gummersbach, 1991. – S. 79.)

Рекомендательный список литературы:
Baumgart, A., Jänecke, B.: Rußlandknigge. – München, 1997.
Беляко О. Е., Трушина Л. Б. Русские с первого взгляда: Что принято и что не принято у русских. – Москва, 1996.
Семенова, М. Мы – славяне! Популярная энциклопедия. – Санкт-Петербург, 1997.
Энциклопедический словарь зимних праздников. – Санкт-Петербург, 1995.
О русской церкви: Из истории русской православной церкви. – NRB. – Berlin, 1997.
Александрова Т. С. В помощь читающему христианскую литературу: Немецко-русский и русско-немецкий словарь. С текстами для чтения. – Москва, 1996.
Спутник. – 1995. – № 6. – С. 20-21.

Zusatzangebote

5 A

1. Назовите основное качество характера людей, о которых говорят, что …
1. у неё большое сердце. 2. у него нет сердца. 3. у него ветер в голове. 4. у неё светлая голова.
2. Составьте диалог по одной из следующих ситуаций и разыграйте его.
1. День рождения друга. Музыка. Всем весело. Вдруг в комнату входит ваш бывший одноклассник, который возвратился на свою родину, Россию, год тому назад.
2. Встреча на главном вокзале в Берлине с девушкой (юношей) из Москвы, с которой (которым) вы переписываетесь уже давно. Он(а) сразу узнал(а) вас, а вы её (его) только с трудом. Вы обмениваетесь комплиментами.

3. Прочитайте текст «Чёрная кошка и русские» со словарём и передайте его основное содержание своими словами. Есть ли такие суеверные представления и у вас? Какие?

Чёрная кошка и русские

Многие русские люди очень суеверны. Так, например, у русских считается плохой приметой приветствовать друг друга или целоваться при встрече на пороге. Суеверные русские никогда не встречаются со своими друзьями или деловыми партнёрами 13 числа, и особенно, если это пятница. Свистеть в доме или квартире русских нельзя – в доме не будет денег. Многие считают, что особенно перед экзаменом нельзя возвращаться в квартиру, если вы что-нибудь забыли дома – могут быть неприятности. Если чёрная кошка перебежит дорогу, то лучше пойти другой дорогой.

Уже давно в народе считалось, что после отъезда гостя квартиру не убирают, пока не получат сообщения, что он уже дома. Перед дорогой нужно обязательно сесть вместе с родственниками и друзьями и немного посидеть, чтобы всё было хорошо.

Чтобы всегда всё было хорошо, нужно постучать по дереву или три раза плюнуть через левое плечо.

Русские говорят, что если чешется правая рука – к деньгам. Правда, если чешется левая – нужно будет отдать деньги.

А ещё русские советуют: если вы не можете найти что-нибудь в квартире, то нужно три раза сказать: «Чёрт, чёрт, пошутил – отдай!» И вы обязательно найдёте вещь.

4. Разыграйте диалоги по следующим ситуациям, употребляя выражения речевого этикета.
1. Находясь в Москве, вы хотите познакомиться с семьёй своего друга.
2. Находясь на вечеринке своих русских знакомых, вы хотите пригласить танцевать девушку (молодого человека) и познакомиться с ней (ним).
3. Вы хотели бы пойти в Третьяковскую галерею, но не знаете, когда она работает. (с 10 до 20 ч.)
4. Вы стоите на остановке автобуса и не знаете, как доехать до гостиницы «Россия».
5. Вы хотите узнать у молодой женщины, как попасть на Арбат.
6. Вы хотите узнать у девочки, где находится ближайший телефон-автомат.
7. Вы хотите узнать у прохожего, где расположена почта.

5 Б

1. Придумайте и проведите викторину об одном из русских праздников.
2. Напишите, как вы готовитесь к своему любимому празднику и как вы его отмечаете.
3. Кто из вас лучше всех знает русскую кухню? Напишите как можно больше названий русских блюд и познакомьте своих одноклассников с одним из них.

4. Интерпретируйте русские пословицы.
Не потому в гости едут, что дома нечего есть.
Умел гостей звать, умей и встречать.
Хороший гость – и хозяину почёт.
5. Ключевая лексика на тему «Кухня»
печь (печенье, кекс, яблоки, пирог, картошку, запеканку …)
готовить (пищу, завтрак, обед, ужин, шашлык …)
варить (суп, борщ, солянку, мясо, картошку, яйца, кофе …)
жарить (мясо, котлеты, курицу, рыбу, картофель, лук …)
резать (торт, пирог, лук, капусту, хлеб, мясо …)
добавлять [по вкусу] (специи, соль, перец, лавровый лист, соус, соду, сахар, сахарную пудру, ванилин …)
подливать (чаю, молока, супа, соуса …)
положить (яйцо, овощи, (сухо)фрукты, изюм …)
6. Переведите рецепты из русской кухни.

Винегрет

Свёклу, морковь, картофель варят и очищают. Отваренные овощи и солёные огурцы нарезают ломтиками, добавляют мелко нарезанный лук и перемешивают. Затем смешивают с заправкой и вновь перемешивают.
Картофель – 300 г (3 – 4 шт.), свёкла 200 г (1 шт.), морковь 100 г (1 шт.), лук 100 г (1 шт.), огурцы солёные – 200 г (2 шт.). Зправка – масло растительное – 50 г, соль, перец.

Пельмени

Из муки, воды и яиц замешивают очень крутое тесто, раскатывают его пластом толщиной 1,5 – 2 мм, вырезают кружки и заворачивают в них фарш. Для пельменей измельчают на мясорубке мясо говядины, свинины, лук, добавляют соль, перец, немного молока или воды и перемешивают. Готовые пельмени кладут в кипяток, отваривают и подают с маслом или сметаной.
На 4 порции: для теста: мука – 300 г, яйца – 1 шт., вода – 100 г (0,5 стакана); для фарша: говядина – 200 г, свинина – 200 г, лук – 50 г (0,5 – 1 шт.), соль, перец.

Чай по-российски

Приготовить кипяток для чая. Потом готовят заварку чая: фарфоровый чайник ополаскивают кипятком, насыпают в него чай (1 чайная ложка на стакан кипятка). Затем наливают в чайник кипяток, закрывают крышкой, накрывают полотенцем. Настаивают 3 – 5 минут. Потом наливают в чашки и доливают кипяток.

5 В

1. Обсудите своё отношение к следующим высказываниям.
Семья – маленькое государство.
Пусть бабушка поможет воспитывать детей.
2. Ответьте на вопросы, аргументируйте своё мнение.
1. В каком возрасте лучше всего выходить замуж (жениться)?

2. Какую роль в семейной жизни, по вашему мнению, играют любовь и деньги?
3. Как вы относитесь к браку по расчёту?
4. Какое отношение между мужем и женой вы считаете идеальным?

3. Выберите роли и разыграйте ситуацию.
Вы гости на свадьбе своих русских друзей. Поздравьте их. Сделайте комплименты невесте (жениху). Передайте подарок невесте и жениху.

4. Расскажите о свадьбе, на которой вы были.

5. Обсудите мнения молодых людей.
Олег, 15 лет: Люди живут вместе, чтобы не быть одинокими. Часто связывает их не любовь, а дружба, симпатия.

Максим, 18 лет: Браки совершаются на небесах. Я хочу жениться только по любви и к браку по расчёту отношусь плохо.

Юля, 17 лет: Как говорила героиня одного фильма, «Главное, чтобы расчёт был правильным».

Никита, 16 лет: Я к любому браку отношусь отрицательно.

Люда, 20 лет: Брак и дружба – это театр. Каждый сегодня должен думать о себе.

6. В чём смысл этого стихотворения?

Н. В. Крандие́вская-Толста́я

Не́бо называ́ют – голубы́м,
Со́лнце называ́ют – золоты́м,
Вре́мя называ́ют – невозвра́тным,
Мо́ре называ́ют – необъя́тным,
Называ́ют же́нщину – люби́мой,
Называ́ют смерть – неотврати́мой,
Называ́ют и́стины – святы́ми,
Называ́ют стра́сти – роковы́ми.
Как же мне любо́вь мою́ назва́ть,
Что́бы ничего́ не повторя́ть?

(Чудное мгновенье: Любовная лирика русских поэтов. – Кн. 2. – Москва, 1988. – С. 84.)

5 Г

1. Правильно или неправильно?
1. В царской России было множество католических верующих.
2. При советской власти церковь и религия потеряли свой авторитет.
3. Советское государство уничтожило тысячи церквей и ликвидировало сотни священников.
4. В результате краха коммунистической системы люди получили право исповедовать любую религию.
5. Среди русских верующих ислам стал нормой.
6. Вторая по числу верующих религия в России сегодня буддизм.

2. Поговорите о том, какую роль играет церковь в решении различных социальных проблем.
В дискуссии вы можете использовать следующие словосочетания:

призывать к миру, бороться против войны, быть терпимым к другим культурам, помогать людям, которым нужна помощь, учить добру, помогать бедным, не умеет помогать, …

3. Поговорите о роли за́поведей в современной жизни. (s. Landeskundliche Informationen S. 22)
а) Какое значение имеют 10 заповедей для совместной жизни людей?
б) Выберите те заповеди, которые для вас важны, и обоснуйте свой выбор!

4. Сравните русский и немецкий тексты молитвы «Отче наш».

ОТЧЕ НАШ,
обитающий на небесах,
пусть прославится имя Твоё!
Пусть же наступит
Царство Твоё и совершится воля Твоя
как на небе, так и на земле.
Дай нам сегодня хлеб на пропитание.
Прости нам долги наши,
как и мы прощаем должникам нашим.
Удержи нас от искушений
и избавь нас от зла.
Тебе принадлежит
Царство, сила и слава вовеки.
АМИНЬ

5. Прочитайте отрывки из статьи Д. Хмельни́цкого о Храме Христа Спасителя и дайте его утверждению свою оценку. Согласны ли вы с его утверждением о том, что «потребность в государственно-символической архитектуре – один из признаков тоталитарного сознания»?

«… На потраченные деньги можно было спасти десятки, если не сотни … полуразрушенных российских церквей, среди которых есть и шедевры. Религиозные чувства тут тоже ни при чём, иначе позаботились бы о строительстве новых церквей там, где их нет. Больших храмов в Москве и так хватает. …
Единственная причина гигантских затрат – идеологическая. … Потребность в государственно-символической архитектуре – один из признаков тоталитарного сознания…
Экономика России находится в состоянии хронического кризиса, она не в состоянии выжить без западной помощи и кредитов. То, что в такой ситуации Лужков и Ельцин тратят полмиллиарда долларов на идеологические игры, говорит о многом. …
Свежеизготовленный храм Христа Спасителя не выражает ничего, кроме бездарных попыток эксплуатировать национально-религиозную символику».

(По: Хмельницкий Д. Дворец Христа Спасителя. – Новая Берлинская газета. – 4.10.96.)

Landeskundliche Informationen

6 А

Население Российской Федерации

Всего в Российской Федерации расселено свыше 100 различных народов. Русские, язык которых относится к группе восточно-славянских языков, живут по всей территории РФ, составляя более 80 % её населения.

На Севере Европейской части живут также каре́лы, ве́псы, ижо́рцы, саа́ми (или лопари́), ко́ми и ко́ми-пермяки́, относящиеся к финно-угорской группе. На языках этой же группы говорят и народы Среднего Поволжья – мари́йцы, удму́рты и мордва́.

В других районах Поволжья и на Южном Урале живут тюркоязычные чува́ши, башки́ры и тата́ры (последние, помимо Республики Татарстана, расселены по всем районам РФ, особенно в Республике Башкортостане, в Сибири и на Дальнем Востоке). Мордва́ и чува́ши небольшими группами живут почти во всех краях и областях Урала, Сибири и Дальнего Востока.

Сравнительно малочисленные коренные народы Сибири и Дальнего Востока расселены на обширных территориях, нередко превышающих площади крупнейших европейских государств. Из числа этих народов яку́ты, долга́ны, алта́йцы, шо́рцы, хака́сы и туви́нцы говорят на языках тюркской группы; буря́ты – монгольской; ха́нты и ма́нси – финно-угорской; не́нцы, нганаса́ны и селькупы́ – самодийской; эвэ́нки, негида́льцы, эвэ́ны, нана́й-цы, у́льчи, о́рочи и удэге́йцы – тунгусо-маньчжурской; эскимо́сы и алеу́ты – эскимосско-алеутской; чу́кчи, коря́ки, ительме́ны – на чукотско-камчатских языках палеоазиатской семьи. На генетически изолированных палеоазиатских языках говорят ни́вхи, юкаги́ры и ке́ты.

(По: Большая энциклопедия Кирилла и Мефодия 96. Издано в Великобритании. CD-ROM)

6 Б

Сколько жизней унесла война?

Историки установили, что численность населения СССР в начале 1946 г. по сравнению с 1941 г. была на 26,2 миллиона меньше. Военная информация определила общие потери военных: 8,7 миллионов человек. Остальные потери – около 18 миллионов – гражданское население оккупированных и прифронтовых территорий. Ещё 2 миллиона погибло на принудительных работах в Германии. Число гитлеровской политики геноцида (расстрелянные, погибшие в гетто, тюрьмах, концлагерях) – около 7,4 миллиона человек.

Потери гражданского населения почти в два раза выше боевых потерь. Кроме того, многие люди умерли из-за ухудшения уровня жизни, голода, плохого медицинского обслуживания. Эти косвенные потери оцениваются в 22 – 23 миллиона чело-

век. Таким образом потери населения в годы Отечественной войны можно оценить в 48 – 50 миллионов человек.

(По: Аргументы и факты. – 1995. – № 18-19. – С. 1, 5)

Из истории немецко-российских отношений

1549 г.
Немецкие наёмники (Deutsche Söldner) на службе у царя

1652 г.
Основание Немецкой слободы́ (Deutsche Vorstadt) в Москве

1727 г.
Первая газета на немецком языке „St. Petersburger Zeitung"

1763 г.
Массовое заселение южно-российских губерний колонистами из Германии

1815 г.
Образование «Священного союза» (Австрия, Пруссия и Россия)

1887 г.
Заключение договора с Россией Би́смарком

1914 г.
Начало первой мировой войны. Германия объявляет войну России

март 1918 г.
Заключение договора о мире между Россией и Германией в Брест-Лито́вске

апрель 1922 г.
Заключение договора в Рапа́лло о восстановлении дипломатических отношений и широких экономических контактов между Германией и Россией

1919 – 1930 гг.
Совместная работа Германии и СССР: «Юнкерс» строил самолёты под Москвой, «Крупп» артиллерийские заводы в Средней Азии. Советские военные специалисты учились в Германии. На предприятиях СССР работали немецкие специалисты. К 1929 году были подписаны технические соглашения с 27 германскими фирмами

1939 г.
Подписание договора о ненападении, а затем о дружбе (СССР и Германия)

22 июня 1941 г.
Начало Великой Отечественной войны

8 (9) мая 1945 г.
Безоговорочная капитуляция Германии: конец второй мировой войны

июль-август 1945 г.
Конференция трёх держав-победительниц (США, СССР, Великобритания) в Потсдаме

лето 1948 г.
Берлинский кризис: войска СССР блокировали западные зоны в Берлине. США и союзники снабжали Западный Берлин при помощи «воздушного моста»

август 1970 г.
Подписание советско-западногерманского договора: признание окончательными послевоенных границ в Европе и отказ от применения силы
с 1990 г.
Вывод советских войск из стран Восточной и Центральной Европы
(По: Литературная газета. – 1995. – № 32.
Geschichte lernen. – 1991. – № 20.)

Результаты и цена победы

Победа над гитлеровской Германией способствовала росту симпатий к СССР у народов многих стран. Для руководства СССР результаты войны были «победой социализма». Оно начало экспортировать сталинскую модель в страны Центральной и Юго-Восточной Европы, государства Азии. СССР стал великой мировой державой.
Победа в войне объективно способствовала укреплению сталинского политического режима. Объявленная «победой сталинского гения», она в реальной жизни имела совсем другую основу – беспримерное мужество и героизм советских людей, выступавших за свободу и независимость своей страны. В ходе войны, которая продолжалась для граждан СССР 1418 дней и ночей, на советско-германском фронте были уничтожены 607 дивизий врага. Германия в этой войне потеряла более 10 миллионов человек (80% её военных потерь), 167.000 артиллерийских орудий, 48.000 танков, 77.000 самолётов (75% всей своей военной техники).
Победа далась тяжёлой ценой. По приблизительным оценкам, война унесла 27 миллионов человеческих жизней (в том числе около 10 миллионов военнослужащих). Более 6 миллионов человек оказались в фашистских концлагерях. Многие из них, вернувшись после войны из гитлеровских концлагерей, были сосланы в сталинские лагеря как предатели. Сталинский ГУЛАГ после войны переживал «второе рождение». Тем не менее для народа День Победы, который празднуется в России 9 мая, является самым светлым и радостным праздником.
(По: Данилов А. А., Косулина Л. Г. История России: XX век. Учебная книга для 9 класса общеобразовательных учреждений. – Москва, 1995. – С. 249 -250.)

6 В

Плановое поселение немцев при Екатерине Второй (1762 – 1796)

Победоносные войны с Турцией в конце XVIII века значительно расширили территорию России на юге Украины, где население было очень малочисленным. Чтобы освоить эти земли, Екатерина Вторая издала «Манифест» от 22 июля 1763 года. Важнейшие положения этого Манифеста гласили:
1. «Всем иностранцам дозволяем в Империю Нашу въезжать и селиться где кто пожелает, во всех Наших Губерниях».

2. «Всем прибывшим в Империю Нашу на поселение иметь свободное отправление веры по их уставам и обрядам беспрепятственно».
3. «Не должны таковые прибывшие из иностранных на поселение в Россию никаких в казну Нашу податей платить и никаких обыкновенных служеб служить».
Кто селился в необжитых землях, освобождался от налогов на срок до 30 лет, в других областях – на срок от 5 до 10 лет.
4. «Поселившиеся в России иностранные граждане, во все время пребывания своего, ни в военную, ни же в гражданскую службу против воли их определены не будут».
Решающее значение для будущего колонистов (так называли поселенцев) имели дополнительные распоряжения по поводу землевладения и землепользования:
1. Все отведённые колонистам земли передавались им в неприкосновенное и наследуемое владение на вечные времена, но не как личная, а как общинная собственность каждой колонии.
2. Эти земли нельзя было ни продавать, ни передавать без ведома и согласия вышестоящего общинного управления.
3. Для расширения и улучшения своих хозяйств колонистам разрешалось приобретать земельные участки у частных лиц.
4. Выделенные государством земельные наделы наследовал обычно младший сын (минорат).
Колонисты могли в любое время покинуть Царскую империю. В отличие от местных крестьян колонисты не были крепостными, они были свободны.
(По: Большая энциклопедия Кирилла и Мефодия 96. Издано в Великобритании. CD-ROM)

Автономная Советская Социалистическая Республика немцев Поволжья, образована 19. 12. 1924 г. в составе РСФСР. 28,8 тысяч км². Население 605 тысяч человек, (1939). Столица – Энгельс. 28.8.1941 г. автономия немцев ликвидирована, население насильственно выселено.

Указ Президиума Верховного Совета СССР от 28 августа 1941 г.
О переселении немцев, проживающих в районах Поволжья

По достоверным данным, полученным военными властями, среди немецкого населения, проживающего в районах Поволжья, имеются тысячи и десятки тысяч диверсантов и шпионов, которые по сигналу, данному из Германии, должны произвести взрывы в районах, заселённых немцами Поволжья.
О наличии такого большого количества диверсантов и шпионов среди немцев Поволжья никто из немцев, проживающих в районах Поволжья, советским властям не сообщал, следовательно немецкое население районов Поволжья скрывает в своей среде врагов советского народа и Советской власти.
В случае, если произойдут диверсионные акты,

затеянные по указке из Германии немецкими диверсантами и шпионами в республике немцев Поволжья и прилегающих районов и случится кровопролитие, Советское правительство по законам военного времени будет вынуждено принять карательные меры против всего немецкого населения Поволжья.

Во избежание таких нежелательных явлений и для предупреждения серьёзных кровопролитий Президиум Верховного Совета СССР признал необходимым переселить всё немецкое население, проживающее в районах Поволжья, в другие районы, с тем чтобы переселяемые были наделены землёй и чтобы им была оказана государственная помощь по устройству в новых районах.

Для расселения выделены изобилующие пахотной землёй районы Новосибирской, Омской областей, Алтайского края, Казахстана и другие соседние местности.

В связи с этим Государственному комитету обороны предписано срочно произвести переселение всех немцев Поволжья и наделить переселяемых немцев Поволжья землёй и угодьями в новых районах.

Председатель Президиума Верховного Совета СССР, М. Калинин

Секретарь Президиума Верховного Совета СССР, А. Горкин

Москва, Кремль, 28 августа 1941 года.
(По: Восточный экспресс. – 1996. – № 8. – С. 3.)

Указ Президиума Верховного Совета СССР от 13 декабря 1955 года
О снятии ограничений в правовом положении с немцев и членов их семей, находящихся на спецпоселении

Учитывая, что существующие ограничения в правовом положении спецпоселенцев-немцев, и членов их семей, высёленных в разные районы страны, в дальнейшем не вызываются необходимостью, Президиум Верховного Совета СССР постановляет:

1. Снять с учёта спецпоселения и освободить из-под административного надзора органов МВД немцев и членов их семей, выселенных на спецпоселение в период Великой Отечественной войны, а также немцев-граждан СССР, которые после репатриации из Германии были направлены на спецпоселение.

2. Установить, что снятие с немцев ограничений по спецпоселению не влечёт за собой возвращение имущества, конфискованного при выселении, и что они не имеют права возвращаться в места, откуда они были выселены.

(По: Право в Восточной Европе. – Т. 1/1158. – С. 223.)

Рекомендательный список литературы:
По свету. – 1997. – № 2. – С. 35.
Der Beitrag der Deutschbalten und der städtischen Rußlanddeutschen zur Modernisierung und Europäisierung des Russischen Reiches. // Hrsg. v. B. Meissner u. a. – Köln, 1996.

Deutsch-Russische Beziehungen im 18. Jahrhundert: Kultur, Wissenschaft und Diplomatie. // Hrsg. v. C. Grau u. a. – Wiesbaden, 1997.
Meissner, B., Neubauer, H. u. a.: Die Rußlanddeutschen: Gestern und heute. – Köln, 1992.
Russen und Deutsche: Alte Feindbilder weichen neuen Hoffnungen. // Hrsg. v. H.-E. Richter. – Hamburg, 1990.
Schütz, P.: Der Ruf der Zarin: Beitr. z. Auswanderung hessischer Familien nach Rußland. – Marburg, 1989.
Tausend Jahre Nachbarschaft: Rußland und die Deutschen. // Hrsg. v. d. Stiftung Ostdt. Kulturrat. – München, 1989.
Tjutschew, F.: Rußland und der Westen: Politische Aufsätze. // Hrsg. v. M. Harms. – Berlin, 1992.
Россия между Европой и Азией: Евразийский соблазн. – Москва, 1993.

Zusatzangebote

6 A

1. Соберите из газет и журналов материал на тему «Россия и Европа» и, работая в группах, подготовьте на его основе статьи для стенгазеты.

6 Б

1. Работая в группах, подготовьтесь к дискуссии за круглым столом.
Можно ли русских и немцев назвать партнёрами или даже друзьями?
1. Согласны ли вы с мнением, что Россия и Германия всегда влияли друг на друга? Что их сближало?
2. Какие факты из истории говорят о том, что немцы помогали русским в развитии науки и культуры? Назовите имена немцев, которые жили и работали в России.
3. Как русские влияли на духовное развитие немцев? Кого вы могли бы назвать?
4. Что вы могли бы сказать о сегодняшних отношениях между нашими странами?
5. Как русская печать характеризует взаимоотношения между нашими народами? Согласны ли вы с этой оценкой?
6. Что вы могли бы добавить к прогнозу о будущем наших стран?
7. Что вы посоветовали бы политикам наших стран?
2. Обсудите слова Э. Шеварднадзе (1990): «Немцы и русские многое дали друг другу, но и многого лишили друг друга».
3. Расскажите русским друзьям, как живут немцы сегодня: об их проблемах и о достижениях.

6 В

1. Подготовьте по группам материал хроники на тему «Русские в Германии вчера и сегодня» и проинформируйте об этом друг друга.
2. Работая в группах, соберите аргументы в пользу и против партнёрства с российской школой. Вместе обсудите мнения об отношении к такому проекту.

3. Попробуйте разыграть сценки совместной жизни с иностранцами.
4. Прочитайте со словарём стихотворение Ро́берта Ве́бера. Ответьте на поставленный автором вопрос. Аргументируйте своё мнение.

Ро́берт Ве́бер
Заполня́я анке́ту

Говоря́т,
что гре́ки – краси́вы,
армя́не – весьма́ остроу́мны,
музыка́льный наро́д – италья́нцы,
ара́бы – му́дры,
ще́дростью ру́сские сла́вны,
не́мцы – приле́жны,
к рома́нтике скло́нны цыга́не,
усе́рдны евре́и,
темпера́мент живёт в испа́нцах,
кита́йцы – возде́ржанны,
выно́сливы не́гры,
грузи́ны – гостеприи́мны ...

Бу́дут на́ши пото́мки щедры́,
остроу́мны,
му́дры,
музыка́льны,
краси́вы,
романти́чны,
приле́жны,
усе́рдны,
выно́сливы,
темпера́ментны,
возде́ржанны,
гостеприи́мны.
И, заполня́я анке́ту,
На вопро́с отвеча́я:
«Национа́льность», –
бу́дут писа́ть:
«Челове́к».
Ско́ро ли бу́дет э́то,
И – нужна́ ли пото́мкам анке́та? ...

(Огонёк. – 1990. – № 28. – С. 8.)

7 Молодёжь и общество

Landeskundliche Informationen

7 А

Что такое молодёжный жаргон?
Специалисты-филологи спорят об этом. Моло-дёжный жаргон – это слова и выражения, которые придумала и любит употреблять молодёжь. Мо-лодые люди, которые употребляют в своей речи жаргонные слова и выражения, хотят этим пока-зать принадлежность к определённой группе мо-лодёжи. Речь молодёжи в России очень отлича-ется по регионам, городам и даже районам од-ного города. Она также зависит от социального слоя. Молодёжный жаргон быстро изменяется.

Шмо́тка, -и, ж., чаще *мн.* шмо́тки *(жарг.)*, вещи, чаще об одежде. *Видака нету, приставки нету, шмоток нормальных тоже нету.* // **шмотьё**, -ья́, в жарг. воров: Нелегальный, краденый товар.
(По: По свету. – 1993. – № 3. – С. 12-13.)

Справочные телефонные службы в России
На МГТС[1] действует блок служб бесплатной ин-формации:

01	Пожарная охрана
02	Милиция
03	Скорая медицинская помощь
08	Точное время
009	Информация о коммерческих фирмах (днём и ночью)
07	Междугородная телефонная связь
8-190	международная телефонная связь

155-0922	Информация о стоимости авиабилетов, расписание рейсов, информация о при-бытии, заказ авиабилетов (внутренние рейсы)
155-6494	Информация о стоимости авиабилетов, расписание (внешние рейсы)
266-9000	Справочная всех вокзалов
266-8333	Заказ железнодорожных билетов
927-0000	Вызов такси
975-9210	Информация о тарифах и услугах АО[2] МГТС

[1]МГТС – Московская городская телефонная станция
[2]АО – акционерное общество
(По: Неделя. – 1996. – № 15. – С. 3.)

7 Б

Тусо́вка, тусова́ться (жарг.)
Тусовка – это одно из наиболее употребительных слов в молодёжном жаргоне, обозначающее сбор молодых людей для совместного времяпре-провождения. Однокоренными к нему являются слова *тусова́ться, тусо́вщик, тусо́вочный, рас-тусова́ться* – раздружиться, *стасова́ть* – по-дружиться, начать встречаться, *тусня́к* – тусовка. В настоящее время оно одно из «модных» слов журналистов. Часто в газетах, журналах встречаются выражения *полити́ческая тусо́вка, рок-тусо́вка* и т. д.
Родственными к словам *тусоваться, тусовка* явля-ются общенародные слова *тасова́ть* (карты) – держа колоду в руках, повторяющимися движе-ниями перекладывать в ней карты и *потасо́вка* – первонач. неразбериха, от *тасовать* (карты).

кайф, -а, *м.; мн.* -ы́

1. удовольствие, радость, наслаждение; 2. *в знач. междометия:* выражает любую положительную эмоцию. *По -у (или в ~) что делать* – хорошо, с удовольствием. *Без ка́йфа нет ла́йфа* – без удовольствия нет настоящей жизни.

От арабского *кейф* – праздность, отдых с курением; *устар.* русское городское «кейфовать» – курить сигарету после обеда, отдыхать; встречается у А. П. Чехова и др. // **кайфе́шник**, кайфешники; **кайфу́лька**, кайфульки – то же как кайф // **кайфоло́м, кайфоло́мщик**.

Клёво, *нареч. и в знач. междометия*

активно используется молодёжью, воспринимается как английское заимствование, где clever – умный. Бывший арготизм *клёвый* нередко образует в молодёжном жаргоне устойчивые сочетания с англицизмами, например: *ве́ри клёво* – очень хорошо, замечательно.

Ба́бки

деньги, в том числе и кредитные билеты, бумажные деньги – одно из самых старинных и употребительных слов в современном русском арго и жаргоне, возникло благодаря изображению императрицы Екатери́ны II на денежных ассигнациях (именно она – «бабка»). Некоторые лингвисты считают, что денежное значение слова восходит к названию русского варианта игры в кости – *бабки*, суть которой в сбивании *бабок* – надкопытных костей домашних животных (чаще всего говяжьих) или заменителей этих костей, отлитых из чугуна или свинца.

Первоначально словом *бабки* обозначались только бумажные деньги, но сегодня именуют все деньги. Лексема широко используется и в современной художественной литературе.

Рекомендательный список литературы:
По свету. –1993. – № 3. – С. 12-13.
По свету. –1997. – № 5. – С. 35.
Новые слова и значения: Словарь-справочник по материалам прессы 1980-х годов. – Санкт-Петербург, 1997.
Белянин В. П., Бутенко И. А. Живая речь: Словарь разговорных выражений. – Москва, 1994.
Никитина Т. Г. Так говорит молодёжь: Словарь сленга. – Москва, 1996.
Елистратов В. С. Словарь московского арго. – Москва, 1994.
Ehmann, H.: oberaffengeil: Neues Lexikon der Jugendsprache. – Beck'sche Reihe. – München, 1996.
Niehues, S., Janke, K.: Echt abgedreht: Die Jugend der 90er Jahre. – Beck'sche Reihe. – München, 1995.

Zusatzangebote

7 A

1. Правильно или неправильно?
1. Во многих российских школах можно научиться правильно торговать.
2. Торговля среди учеников – выражение критики к содержанию учебных программ.
3. Идейные ценности играют важную роль в жизни многих учеников.
4. Престиж среди учеников часто зависит от заработанных денег.
5. Бедность формирует в учениках бо́льшую самостоятельность.

2. Найдите не менее 3 ответов на каждый вопрос.
1. Чем торгуют подростки в России, а чем у нас?
2. Где и как в России подростки могут подработать денег? А в Германии?

3. Какие события повлияли или могли бы повлиять на вашу жизнь, стали или могли бы стать «звёздным часом» в вашей жизни?
победа в соревновании, окончание школы, учёба в университете, женитьба, рождение детей, встреча с кумиром, престижная профессия, выигрыш в лотерее, …

4. С какими из следующих высказываний о молодёжном жаргоне вы согласны? Обоснуйте свой ответ.
1. Только классическая литература может научить красивому языку.
2. Мне жаргон ближе. Я считаю, что жаргон – обычная форма общения молодёжи. Школьный жаргон – свободный язык.
3. Жаргон не дополняет язык. В русском языке и так много слов, которыми можно выразить мысль точно. Никто не назовёт жаргонным словом научное открытие.
4. Если наш школьный и молодёжный жаргон не язык, то что же это?

7 Б

1. *У стены*
Меня зовут Вова, мне 15 лет. Недавно я написал на стене дома нехорошее слово. Но никто не обращал внимания на это слово. Ни мужчины, ни женщины. Ни старые, ни молодые. Тогда я подошёл к стене и написал целую нехорошую фразу. Но никто не обращал и на неё внимания. Ко мне подошла Вера.

«Ты почему здесь стоишь?» – «Стою, значит, надо! Не мешай!» – «А куда ты смотришь?» «Смотри, видишь двух старых женщин? Интересно, что они сейчас скажут». Но и они ничего не сказали. Я подошёл к стене и написал ещё нехорошие слова. Но люди не реагировали на то, что я написал. Мне стало грустно. – «Все они глупые! Я тоже написала плохое слово в лифте, но никто из взрослых на это не реагирует!» – «А на что они реагируют?» – «Они уже ни на что не реагируют. Вова, пойдём лучше играть!» – «Пойдём». Мы пошли играть, а я подумал, где бы получить немного динамита, чтобы взорвать что-нибудь. Может быть, тогда взрослые будут реагировать.

(По: Портер А. У забора. – Литературная газета. – 05.06.1995. – С. 13.)

2. Скажите, что вы оденете, если бы …

вас пригласили в оперу, на открытие выставки, в ночной бар, на дискотеку, на стадион; вы поехали в деревню, пошли на первое свидание с Ним (с Ней).

3. Соберите материал о проблемах, связанных с алкоголизмом и наркоманией. Оформите плакат против употребления сигарет, алкоголя или наркотиков.

4. Поговорите о роли массового спорта в обществе, о положительных и отрицательных тенденциях в спорте. Аргументируйте своё мнение.

5. Работая в группах, обсудите следующие тезисы. В чём вы видите значение компьютера в будущем? Почему?

1. Молодёжь не мыслит своего существования без компьютера.

2. Дети уходят в «виртуальную реальность» компьютера.

3. Шаг за шагом компьютер занимает место человека в сфере обучения и воспитания.

4. Компьютер может всё, поэтому он имеет большое будущее в школе и в работе.

5. В будущем литературу будут читать посредством электроники (ноут-бука).

6. Компьютер – это только лучшая пишущая машинка.

7. Компьютеры заменяют рабочую силу. Результат: безработица растёт.

8. Интернет – это будущее информационного общества.

9. Электроника разрушает духовную жизнь и культуру.

10. Всему можно научиться посредством компьютерных программ.

6. Работая в группах, организуйте дискуссию на тему: «Что необходимо для того, чтобы молодёжь смогла хорошо проводить свободное время».

7. Составьте список требований молодых людей для улучшения ситуации молодёжи в адрес бургомистра или парламента. Включите туда школьную и внешкольную жизнь.

8. Как вы думаете, может ли телевидение заменить театр или стадион? Почему?

7 В

1. Как вы относитесь к мнению: «Если у вас много друзей, которых вы одинаково любите, значит, у вас нет настоящего друга».

2. Что такое, по вашему, любовь, а что такое дружба? Попробуйте описать эти чувства, используя следующие выражения:

взаимная симпатия, глубокое уважение, взаимное доверие, общие взгляды, хорошее понимание, общие интересы, взаимная помощь (поддержка), счастье до глубины души.

3. Представьте себе, что вы группа психологов и должны ответить на следующее письмо. Обсу-

дите аргументы и подготовьте телевизионную передачу на тему «Моего друга дра́знят».

«… Моему младшему брату в школе дали прозвище, его дразнят. Просто трагедия для него. Говорю ему: "Не обращай внимания". Да какое там … Слёзы, драки, обиды, в итоге – в школу он идти не хочет. Просто не знаю, что делать, как на это реагировать …

Н. Л., Санкт-Петербург.»

4. Выберите одну из следующих тем:

1. Во время каникул вы хотите подработать немного денег. Вам предложили два места: в лагере для «обычных» детей, и в школе-интернате для детей-инвалидов. Какое место вы выберите? Как вы представляете себе эту работу? Проведите дискуссию.

2. Как вы думаете, должны ли здоровые и больные дети (дети-инвалиды) учиться вместе в одной школе? Или нужны специальные школы? Объясните вашу точку зрения.

7 Г

1. Обсудите следующие вопросы к тексту «Счастье». (LB S. 142)

1. Как вы бы охарактеризовали поведение четырёх братьев?

2. Является ли сказка отражением действительности?

3. Найдите в актуальной прессе примеры похожего поведения людей.

2. Прочитайте анекдот и переведите подчёркнутые предложения.

Один человек приехал в гости к своему другу. Сначала друг был рад. Но время шло, а гость не хотел уезжать. Наконец, его друг спросил:

– Ты не думаешь, что твоей жене и детям скучно без тебя?

– Ты прав, – ответил друг. – Я завтра напишу им, чтобы они приехали.

3. Переведите следующие афоризмы и объясните их смысл. Какие черты и свойства человеческого характера они показывают?

Когда перестаём делать – мы перестаём жить. (Б. Шоу)

Человеку нужно два года, чтобы научиться говорить, и шестьдесят лет, чтобы научиться держать язык за зубами. (Л. Фейхтвангер)

Счастье в том, чтобы своё сердце отдать другому. (Р. Тагор)

4. Как вы считаете, какие преимущества имеет человек, который учится или работает по своей специальности за границей. Какие проблемы, связанные с учёбой или работой за границей, могут быть у него?

5. Иногда учащиеся принимают успокоительные таблетки перед контрольными работами. Как вы считаете, помогает ли это писать хорошие работы? Обоснуйте свой ответ.

6. Обсудите, какие факторы играют для вас роль при выборе будущей профессии.

хорошие деньги; способности; вызов; свобода;

быть самостоятельным; степень творческого труда; сотрудничество с другими людьми; приносить пользу людям, помогать больным, защищать людей; иметь дело с молодыми людьми; выбрать профессию родителей; специальность, не знающая кризисов …

7. Что значит для вас найти своё место в жизни? Что нужно делать для этого?

8. *Полезные советы всем, кто изучает иностранные языки*

Более 100 миллиардов нервных клеток трудятся в нашей голове. Каждая из них связывается с 10 тысячами других с помощью соединений, датчиков. Чтобы иметь возможность добиваться высоких результатов, мозгу нужна энергия. Хотя вес мозга человека составляет всего 2 – 3 процента от общего веса тела, он ежедневно потребляет 20 процентов энергии, получаемой с пищей. Что обязательно должно быть в вашем меню?

Морковь улучшает память. Поэтому советуем перед заучиванием слов иностранного языка съесть небольшую тарелку морковного салата с растительным маслом.

Ананас нужен тому, кто заучивает наизусть длинные тексты. Ананас содержит много витамина С, важный микроэлемент (марганец) и мало калорий. Лучше всего выпивать в день один стакан ананасового сока.

Лимоны содержат много витамина С. Советуем перед уроком иностранного языка выпить стакан лимонного сока.

Орехи – классическое средство при длительной концентрации внимания. Укрепляет нервы, активизирует образование в мозге медиаторов.

Тмин содержит эфирные масла, которые стимулируют нервную систему, создают предпосылки для творческого мышления. Кому нужны хорошие идеи, тот должен пить тминный чай. Рецепт: две полные чайные ложки растёртых зёрен на чашку чая.

Черника – идеальная еда во время длинного учебного дня; способствует кровоснабжению мозга.

Креветки – ценное питательное вещество для мозга. 100 грамм креветок снабжает организм важными жирными кислотами. Период напряжённого внимания продолжается дольше.

Лук нужно есть против перенапряжения сил, психической усталости. Разжижает кровь, улучшает снабжение головы кислородом. Советуем есть каждый день пол-луковицы.

Перец содержит ароматические вещества, которые способствуют выделению в организме «гормона счастья». Советуем есть его в сыром виде.

Капуста снимает состояние нервозности. Советуем есть салат из капусты перед экзаменом.

(По: Контакт. – 1997. – № 13. – С. 18.)

---

8 Россия в начале XXI века

Landeskundliche Informationen

8 A

Деревня

В старой России из дерева делали всё: чашки, ложки, тарелки, дома и даже церкви. Почти каждый житель деревни сам из леса привозил дерево и строил для своей семьи не только мебель, но и дом, баню. Баня стоит отдельно от дома, обычно на берегу реки или озера. Русские очень любят баню. Она укрепляет здоровье и после бани чувствуешь себя чистым и свободным. После бани русские обычно садятся к самовару и пьют чай.

8 Б

Новые русские

Так называют современных русских предпринимателей, деловых людей. В эту группу часто входят немало способных молодых людей с хорошим образованием. Эти люди часто работают 6 дней в неделю по 12 часов в день. Но есть и совсем молодые люди. Многие из них не имеют высшего образования. Они стараются своим бизнесом зарабатывать большие деньги. Особую группу «новых русских» образуют люди, которые раньше занимали важные хозяйственные или партийные посты и сегодня работают менеджерами в промышленности.

Чем занимаются «новые русские» в свободное время? Бо́льшую часть свободного времени они читают, слушают музыку, ходят в театры или занимаются спортом: катаются на лыжах, играют в теннис или гольф. Многие любят ходить в бассейн с сауной, где они нередко встречаются со своими деловыми партнёрами.

Сегодняшняя российская бизнес-элита покупает только самые дорогие автомобили: «мерседе́сы», «во́льво», «БМВ» и редкие спортивные машины.

Часто можно слышать мнение, что российские бизнесмены без нужного уважения относятся к законам. Да, есть такие, но нужно сказать, что деловые структуры России, которые имеют солидных партнёров за рубежом, соблюдают как российские, так и иностранные законы. Они понимают, что без этого у них не будет хороших контактов с Западом.

В России многие считают, что «новые русские» стали богатыми, потому что имеют связи с криминальными группами. Конечно, и такие «бизнесмены» есть в России.

Но нельзя забывать о том, что «новые русские» приносят большую пользу России. Они стараются делать всё, чтобы не только их собственная жизнь, но и жизнь других стала лучше. Они создают новые рабочие места, помогают слабым в

обществе: детям, у которых нет родителей, инвалидам, бедным.
(По: Спутник. – 1995. – №7. – С. 6-15.)

Из истории слов

• Слово **«ме́неджер»** появилось в русском языке в XIX веке в значении «режиссёр в английских театрах». Потом его употребляли в значениях «театральный режиссёр» и «импрессарио». В 30-е годы XX века в русских словарях появился спортивный термин «ме́нажер» (менажёр): руководитель профессионального боксёра. А сейчас оно имеет значение: специалист по управлению производством, работой предприятия.

• Русское слово **«швейца́р»**, которое переводится словом „Portier", пришло в русский язык из немецкого языка („Schweizer"). Его первое значение было «швейцарец» – житель Швейцарии. Раньше швейцары-солдаты служили в наёмной страже французских королей. Сначала ими называли телохранителей. Потом людей, стоящих в подъездах жилых домов и гостиниц.

• Слово **«кио́ск»** пришло в Европу с Востока и означает домик или палатку в саду. В 1750 году один англичанин, вернувшись домой из Индии, построил в своём саду такой киоск. С него взял пример мелкий торговец, открывший киоск на улице. Сегодня невозможно представить улицы города без киосков.
(По: По свету. – 1993. – № 3. – С. 14.)

8 В

О русском гимне

В России в 90-е годы XX века состоялся конкурс на лучший текст национального гимна России на музыку «Патриотической песни» Гли́нки. Пришли тысячи текстов, писали рабочие, инженеры, поэты.

Один вариант, предложенный Ни́ной Влади́мировной Бенсо́н, исполнялся даже в Думе ансамблем имени Алекса́ндрова. В этом варианте использованы традиционные русские размеры – хоре́й и ана́пест, живо напоминающий о Некра́сове (ср. «Назови мне такую обитель…»). Четвёртая и восьмая строка исполнены до́льником – любимым размером Маяковского и Блока.
(По: Новое время. – 1996. – № 10. – С. 30-31.)

Варианты текстов Гимна России:

Н. В. Бенсон
Гимн России

На века́ Росси́и на́шей – сла́ва!
Непрекло́нно му́жество Руси́.
О́тчий дом и честь храни́, Держа́ва,
Флаг страны́ досто́йно неси́.
Дух еди́нства, крепи́ на́шу си́лу,
Све́тлой ве́ре откры́та страна́.
Правь судьбо́й, вели́кая Россия,
Сла́вься, Русь, на все времена́!

(1995 г.)

Евгений Евтушенко
Гимн России

Будь, Росси́я, навсегда́[1] Росси́ей
и не плачь, припа́в к други́м на грудь[2].
Будь свобо́дной, го́рдой и краси́вой,
е́сли нас не бу́дет, будь!

Родили́сь мы в стране́ са́мой сне́жной[3],
но зато́[4] в са́мой нё́жной стране́,
не безгре́шной[5], пра́вда, но безбре́жной[6],
с ру́сской пе́сней наравне́[7].

Ра́зве со́весть[8] в ла́герной моги́ле?
Бу́дут жить и му́жество[9], и честь[10].
Для того́, чтоб счастли́вы мы бы́ли,
всё у нас в Росси́и есть.

Россия́не все вме́сте мы си́ла.
Врозь[11] нас про́сто с плане́ты стряхну́ть[12].
Да храни́т Госпо́дь тебя́[13], Россия,
Е́сли нас не бу́дет, будь!

(1995 г.)

[1] всегда, на всё время; [2] weine nicht, indem du dich an die Brust des anderen schmiegst; [3] Adjektiv von «снег»; [4] dafür; [5] nicht ohne Sünden; [6] unendlich, endlos; [7] gleich, ebenso wie; [8] Gewissen; [9] Substantiv von «мужественный»; [10] Ehre; [11] антоним: «вместе»; [12] abzuschütteln; [13] Gott möge dich behüten
(Литературная газета. – 15.06.1995. – С. 3)

8 Г

Зинаида Гиппиус (1869 – 1945)

(см. текст для аудирования № 34, AH S. 55)
Зина́ида Ги́ппиус – знаменитая русская поэтесса. Но не все знают, что Зинаида Никола́евна немецкого происхождения. Её предки переселились в Россию из Мекленбурга в 1515 году. Её отец, Николай Густавович фон Гиппиус, был оберпрокурор сената. Детство её шло спокойно, как у многих детей из дворянских семей – домашние учителя, прогулки, чтение. Несколько месяцев училась в Киеве в женской гимназии и в такой же гимназии в Москве.
Уже в детстве Зина начала писать стихи. В 1889 году она вышла замуж за литератора Дми́трия Мережко́вского и прожила с ним счастливо 52 года.
Зинаида Гиппиус была и прозаиком, и публицистом, и филологом. Она писала критические статьи для многих литературных журналов под псевдонимом Анто́н Кра́йний. Почему «крайний»? А потому, что она была бескомпромисса и безжалостна в своих оценках, всегда стояла на самых крайних позициях.
До революции вышло много сборников её стихов, рассказов, пьес и статей.
Квартира Зинаиды Гиппиус в 1905 – 1917 годах в Санкт-Петербурге стала местом встреч поэтов-символистов, а также близких ей по духу религиозных философов – Карта́шова, Ро́занова, Бе́лого, Филосо́фова. Она организовала религиозно-философское общество, была соредактором журнала «Новый путь».

Зинаида Гиппиус была против Октябрьской революции 1917 года. Так, Мережковский и Гиппиус уехали за границу. Два года они жили в Берлине, а потом переехали в Париж. В эмиграции она стала самой значительной поэтессой. Её лирика глубокая по мысли, религиозная и современная в формальном отношении. Человек, любовь и смерть – основные темы, в кругу которых находится её поэзия.
В эмиграции она выступала против Гитлера и Сталина, против духовного порабощения личности в любой стране. Поэтому она и осталась в истории литературы, как всякий настоящий художник.
(По: Европацентр. – 1995. – № 15. – С. 9.
Контакт. – 1996. – № 12. – С. 8.)

Zusatzangebote

8 А

1. Правильно или неправильно?
1. Российские крестьяне кормят население всей страны.
2. Старые машины делают труд крестьян малоэффективным.
3. Сейчас крестьянин сам решает, что сеять на поле.
4. Таких фермеров, как Быковых, не очень любят в России.
5. В России их поддерживают сильнее, чем «коллективные» хозяйства.
6. Крестьянину нужны собственная земля и независимость.

2. Организуйте дискуссию на тему: «Здоровый образ жизни современного человека».

3. Найдите спрятанные в тексте названия животных. Сколько их?
Я живу в деревне Гуськино. Дом, в котором живу, – не какой-нибудь барак, а красивое здание. Утром, когда я завтракаю, из окошка видна река с рыбацкими лодками, а вечером, когда сижу в гостиной – смотрю на поле, за которым – лес … За лесом маленькое озеро, зимой я катаюсь там на коньках. Словом, я живу здесь как на курорте.

4. Выпишите все названия животных, прилагательные и глаголы, связанные с их «языком».
Необыкновенная деревня
В маленькой деревне Лукино живут только животные. Там много кошек, собак, уток, гусей и других животных. Бургомистр этой деревни – кот Мяу Мяукин. Он очень строгий, умный и красивый. Все животные его уважают и любят. Его жена – это курица Кок-кок. Курица Кок-кок по профессии учительница кошачьего языка. Она добрая и интеллигентная женщина.
Все животные ходят в школу. Их любимый предмет – иностранные языки. Кошки учатся крякать, т. е. говорить по-утиному, утки учатся мяукать, т. е. говорить по-кошачьи, гуси учатся гавкать, т. е. говорить по-собачьи. Языки им даются легко, только собачке Лайке языки даются нелегко, но все животные помогают ей.

После школы животные занимаются спортом, катаются на специальных велосипедах, играют в футбол, гандбол или теннис. По понедельникам вечером они поют в хоре. Самый лучший певец – это петух Петя Петухов, который громко кукарекует по утрам: кукареку. По пятницам животные встречаются на центральной площади деревни. Там они танцуют, едят и просто веселятся. Это необыкновенная деревня, правда? Вы хотели бы жить в ней? Если хотите, то приезжайте в Лукино!

5. Приведите аргументы в пользу и против употребления химических средств в сельском хозяйстве.
продуктивность, много нитратов и фосфатов, манипуляция генов, иметь разные овощи в любое время года, долгое время сохранять овощи свежими, меньше бактерий, интенсивная эксплуатация земли, консервированные продукты, химия делает овощи и фрукты безвкусными …

6. Как вы понимаете высказывание «Город – это царство, деревня – это сарай»?

7. Как можно объяснить, что многие люди из деревни уезжают в город, а горожане приезжают в деревню?

8. Расскажите о сельском хозяйстве в России и в Германии, сравнивая их в земле и климате, характере и площади сельскохозяйственных предприятий, инфраструктуре и технике, сельскохозяйственных культурах, животноводстве, эффективности.
(не)плодородная земля, холодный, тёплый, жаркий климат; колхозы, совхозы, кооперативы, товарищества, фермы; … гектаров земли, огромные поля; хорошие (плохие) дороги, короткие (большие) расстояния до …; количество и качество машин; картошка, зерно, овощи; свиньи, коровы, лошади, птица; больше (меньше) производить, лучше (хуже) обрабатывать землю …

8 Б

1. Какой юноша, на ваш взгляд, Игорь? Какие из следующих качеств можно отнести к нему? (LB S. 149-150)
ленивый, талантливый, самостоятельный, скромный, способный, принципиальный, глупый, умный, приветливый, гордый, вежливый, внимательный, грубый, грустный, весёлый, добрый, замкнутый, инициативный, интеллигентный, старательный, уверенный, внимательный, преуспевающий, деловой.

2. От каких глаголов образованы следующие существительные?
продавец, покупатель, учитель, строитель, воспитатель, переводчик, певец, посетитель, писатель, руководитель, советник, фотограф.

3. Объясните по-русски, что делают люди следующих профессий:
балетмейстер, бухгалтер, официант, парикмахер, хормейстер, хореограф, таксист, балерина, физиотерапевт, маклер, массажист, фармацевт, фермер.

4. Кем вы хотели стать в детстве? Скажите, изменилось ли ваше желание и почему?

5. Зная характер и интересы своих одноклассников, скажите, по какой специальности они могли бы работать. Будьте готовы обсудить ваши предложения.

он(а) обладает какими-н. качествами, он(а) интересуется чем-н., он(а) любит кого-что-н., он(а) мечтает стать, ему (ей) хотелось бы быть, выбрать профессию, дать рекомендацию, посоветовать ему (ей), преуспевать в жизни, получить признание, стать кем-н. (врачом, учителем и т. д.) по призванию, (не)престижная работа.

6. Несколько одноклассников изображают пантомимой людей определённых профессий, а остальные должны назвать профессии этих людей.

7. Распределите роли и разыграйте сценку:
Вы стали знаменитым спортсменом (певцом, предпринимателем, знаменитой спортсменкой, певицей, предпринимательницей). Вас пригласили на телевидение. У вас берут интервью, а зрители задают вам вопросы по телефону.

8. Какие вопросы вы бы задали молодому бизнесмену? Напишите их.

9. Соберите информацию из газет и журналов о «новых русских». Охарактеризуйте на этой основе новое поколение бизнесменов в России, в Германии или в других странах.

10. *Анекдоты про новых русских*

Новый русский – архитектору:
– В парке, рядом с виллой, постройте три бассейна: один – с тёплой водой, один – с холодной, а третий – без воды». – «Зачем же бассейн без воды?» – «Некоторые из моих друзей не умеют плавать».

Новый русский в овощном магазине.
– Что это? – спрашивает он у продавщицы.
– Это апельсины.
– Хорошо. Мне десять килограммов. Только, пожалуйста, каждый помойте и каждый в салфетку заверните.
– Что это?
– Это картофель.
– Ага. Прекрасно. Тоже десять килограммов. Только, пожалуйста, каждую картофелину помойте и каждую в салфетку заверните…
– А это что?
– Это изюм. Только он сегодня не продаётся.

Новый русский смотрит картины в Эрмитаже. Неожиданно звонит радиотелефон. Новый русский садится в кресло и начинает разговаривать. Подбегает старушка-смотрительница и говорит: «В это кресло нельзя садиться! Это кресло императрицы Екатерины!» – «Не бойся, бабушка. Когда она придёт, я встану».

11. Представьте себе, вас пригласили на собеседование в русскую фирму, в которой вы хотели бы работать.
1. Напишите свою биографию.
2. В разговоре расскажите о своих интересах, представлениях о зарплате и отпуске. Объясните, почему вы – лучший кандидат на это рабочее место.

8 В

1. Согласны ли вы с высказыванием, что знание иностранных языков помогает найти своё место в современной жизни? Почему вы так думаете? Какую роль они играют в вашей жизни?

2. Во многих городах существует служба «телефон доверия». Как вы оцениваете работу этой службы? Могут ли сотрудники этой службы помогать несчастным, зависимым, одиноким? Почему вы так считаете? Были бы вы готовы работать в службе «телефона доверия». Почему?

3. Представьте себе, вы хотели бы два семестра учиться в одном из российских университетов, а ваши друзья хотят, чтобы вы остались в Германии. Работая в группах, подготовьте и сыграйте сценку.

8 Г

1. Организуйте обсуждение типа тоук-шоу и скажите, как вы понимаете слова Тютчева «Умом Россию не понять, … В Россию можно только верить». Используйте при этом следующие слова и выражения:
самая большая страна Земли
богата природными ресурсами
более 100 национальностей
настоящее богатство страны – большой потенциал рабочих сил
люди имеют способность действовать интуитивно
устаревшие промышленные предприятия
сложная политическая ситуация
интуицией не решают стратегические проблемы
трудное экономическое положение
большие экологические проблемы
демократия с проблемами
растёт число безработных

2. Найдите пять слов, с которыми у вас ассоциируется (современная) Россия.
например: огромная территория, богатство царей, великая культура, …

3. Какие проблемы типичные только для России, какие из них носят международный характер? Скажите, почему вы так думаете.
социальное положение населения; многонациональность; охрана окружающей среды; сельское хозяйство и проблема частной собственности; политические партии и движения, религиозные конфессии; инфляция; низкий уровень производства; дезориентация молодёжи; рост преступности.

4. Скажите, какую роль играет Россия в «Европейском доме». Что, по-вашему, нужно делать для укрепления её позиции?

5. У вас богатая фантазия? Какие интересные проекты вы планируете? Какие открытия вы хотели бы сделать? Как бы вы хотели изменить мир?

Vorschläge für Kopiervorlagen

1. Напишите к подчёркнутым словам подходящие антонимы.

<u>начало</u> царствования _____

создание <u>новых</u> границ _____

период <u>развития</u> _____

бороться <u>за</u> проведение реформ _____

2. Найдите глаголы, от которых образованы данные существительные.
Впишите глаголы в таблицу.
объединение, образование, открытие, закрытие, царствование.

мыть, -ою, -оешь	рисовать, -ую, -уешь	говорить, -ю, -ишь

3. Викторина об истории России

1. Что такое Киевская Русь?

☐ Украина в пятом веке   ☐ древнерусское государство   ☐ маленькая река в Киеве

2. Какую государственную религию приняли жители Древней Руси?

☐ ислам   ☐ католицизм   ☐ христианство

3. Кто был первым русским царём?

☐ Иван III   ☐ Иван IV   ☐ Пётр I

4. Какое историческое событие связано с 1812 годом?

☐ основание Петербурга   ☐ победа русских войск над Наполеоном   ☐ восстание декабристов

1. Найдите слова-партнёры.

1. процветание и _____   5. приходить и _____

2. жизнь и _____   6. смеяться и _____

3. война и _____   7. день и _____

4. нападать и _____   8. близко и _____

2. Сформулируйте вопросы к подчёркнутым словам.

1. Центром русской земли стал Киев.

2. В 988 году Владимир принял христианство.

3. Всё население Руси должно было принять новую религию.

4. После принятия новой религии христианская культура стала быстро распространяться.

5. Татары мешали русским жить.

6. Русские стали уходить на северо-восток.

1. Какие понятия не входят в тематический ряд?

Владимир: крещение, Днепр, христианство, царь

Ярослав Мудрый: сын Ивана, «Русская правда», школы

Иван Грозный: реформатор, 8 жён, отец Петра I, царь

стрельцы: постоянная армия, сыновья помещиков, царские войска.

2. Назовите антонимы.

1. он родился   _____

2. они довольны жизнью   _____

3. она начала дело   _____

4. они боролись за царя   _____

5. временная армия   _____

6. они покупали людей   _____

7. Иван IV создал опричнину   _____

3. Зачеркните неправильный вариант вида глагола.

1. Царь Иван IV хотел, чтобы его старший сын Иван стал/становился царём, потому что он был/бывал похож на него: образован, умён и жесток.

2. Но всё произошло/происходило по-другому: 9 ноября 1581 года Иван Грозный убил/убивал его.

3. Ему было/бывало очень жаль, что это случилось/случалось, поэтому несколько месяцев он назвался/назывался не царём, а только великим князем.

4. Он даже хотел уйти/уходить в монастырь, потому что наследником трона стал/становился его слабоумный сын Фёдор.

5. Власть должна была перейти/переходить к человеку, который не был способен управлять государством.

1 г

1. ⬭⬭ Прослушайте текст 1 о Петре Великом. Заполните таблицу.

время	событие
1672 г.	
	встреча Петра I с Фридрихом III в Кёнигсберге
январь 1698 г.	
	начало Северной войны
	победа под Полтавой
1721 г.	

2. Расположите следующие слова на ступенях лестницы. Начните со слова на высшей ступени.

• граф, князь, крестьянин, царь

• бургомистр, министр, госсекретарь, премьер-министр.

1. Найдите антонимы к подчёркнутым словам.

1. родиться в Перми́ _____

2. начинать войну _____

3. пассивность большевиков _____

4. сердиться на царя _____

2 Б

1. Вставьте *который* в нужной форме.

1. В книге Н. А. Островского «Как закалялась сталь» описана жизнь комсомольца Павла Корчагина, образ _____ определил тип положительного героя литературы социалистического реализма. 2. Простые рабочие, интеллектуальный уровень _____ был невысоким, не могли анализировать происходящие в стране события. 3. В стране, в _____ строились школы, открывались библиотеки, в короткое время была ликвидирована безграмотность. 4. Хрущёв выступил с знаменитым докладом, о _____ позже много говорили. 5. В России и сегодня есть люди, _____ мечтают о таком вожде, как Сталин.

2. Преобразуйте предложения, используя пассивные конструкции. Обратите внимание на вид глагола.

1. Горбачёв проводил реформы, чтобы активизировать людей.

_____

2. Первый коммунист СССР разрушил старые догмы.

_____

3. Перестройка, демократизация, гласность открыли путь к свободе.

_____

4. Человек со слабым характером не изменит мир.

_____

5. Горбачёв остановил несправедливую войну в Афганистане.

_____

6. Парламент избрал его первым и последним президентом Советского Союза.

_____

1. Вставьте *его, её, их* и *свой* в нужной форме.

1. А. П. Чехов был не только талантливым писателем, но и крупным драматургом. _____ пьесы показывают во многих театрах мира. 2. _____ пьесу «Чайка» Чехов написал в 1895 году. 3. Здесь он изобразил молодого писателя, _____ мечты о новом пути в искусстве. 4. В «Чайке» Чехов выразил _____ взгляд на искусство, на _____ задачи. 5. Героиня «Чайки» Нина находит _____ счастье в искусстве. 6. На сцене она забывает о _____ горе. 7. Все _____ силы Нина отдаёт театру, _____ сильная любовь к искусству делает образ очень привлекательным. 8. Но зрители не поняли «Чайку», и Чехов тяжело воспринял _____ неудачу. 9. Известно _____ решение больше не писать пьес. 10. Но уже в 1899 году Художественный театр поставил с большим успехом _____ новую пьесу «Дядя Ваня». 11. В ней Чехов изобразил людей с _____ проблемами и радостями. 12. _____ симпатию к простым людям Чехов выразил в пьесе »Три сестры». 13. _____ лучшей пьесой является «Вишнёвый сад».

2. Напишите слова, которые ассоциируются со словом «литература».

1. Дополните слова на тему «музыка».

а)   **музыка**

классическая   современная

1. опера   1. рок-мюзикл

2. _____   2. _____

3. _____   3. _____

4. _____   4. _____

5. _____   5. _____

б) интересоваться (чем): опереттами, _____

слушать (что): шлягер, _____

(кого): Баха, _____

танцевать (что): вальс, _____

петь (где): в хоре, _____

(что): народную песню, _____

(кого): Онегина, _____

играть (где): в оркестре, _____

(на чём): на флейте, _____

(что): танго, _____

(кого): Чайковского, _____

(по чему): по нотам, _____

2. Какие из произведений созданы П. И. Чайковским?

☐ Пиковая Дама   ☐ Руслан и Людмила   ☐ Евгений Онегин

☐ Лебединое озеро   ☐ Спящая красавица   ☐ Гаянэ

☐ Шестая симфония   ☐ Ленинградская симфония   ☐ Итальянское Каприччио

3 В

1. Впишите названия соответствующих направлений в искусстве.
Вставьте: импрессионизм, классицизм, модернизм, романтизм, реализм.

1. _____ – направление, основанное на подражании (имитации) античным образцам.

2. _____ – направление, выступавшее за национальное и индивидуальное в искусстве, за изображение идеальных героев и чувств.

3. _____ – направление, стремящееся к непосредственному воспроизведению субъективных переживаний, настроений и впечатлений художника.

4. _____ – направление, ставящее целью правдивое воспроизведение действительности.

5. _____ – направление, в которое входят экспрессионизм, кубизм, футуризм и другие.

2. Вставьте выражения в скобках и потом замените их подходящими другими.

1. Отсюда можно видеть _____? (картинная галерея)

2. Сколько _____ в галерее? (зал)

3. Вот видите прекрасные _____ итальянских художников! (картина)

4. Посмотрите на _____! (этот экспонат)

5. Это действительно _____. (замечательное собрание)

1. *Помнить, вспомнить/вспоминать* или *напомнить/напоминать*?

- помнить кого-что, о ком-чём: не забывать, сохранять в памяти
- вспомнить/вспоминать кого-что, о ком-чём: думать о том, что было забыто
- напомнить/напоминать кому: 1. заставить вспомнить; 2. быть похожим

1. Я хочу _____, что завтра мы идём в картинную галерею.

2. Каждая картина в галерее _____ мне о России.

3. Вы _____ имя художника и название этой картины?

4. Я хорошо _____ историю создания этой картины.

5. Когда я смотрю на картину «Тройка», я _____ об истории её создания.

6. Я часто _____ наше посещение Третьяковской галереи.

2. Дополните предложения. Используйте следующие слова:
абсолютно (не), больше всего, в общем, вообще (не), в принципе (разг.),
в целом, конечно, мало, много, …

1. Я интересуюсь (живопись, литература …).

_____

2. Мне нравятся (картина, стихи …).

_____

3. Я хожу в (галерея, музей …).

_____

4. Я знаю произведение этого (живописец, композитор …).

_____

5. Его (картина, опера …) производит на меня сильное впечатление.

_____

3. *Изобразить/изображать, отразить/отражать или выразить/выражать?*

1. Перов _____ детей. 2. Его картина _____ положение

детей в обществе. 3. Что хотел художник _____ этой картиной?

4. Этой картиной он _____ протест против тех, кто использует

труд детей. 5. Перов _____ детей, которых лишили детства.

6. Картина _____ чувства детей и самого Перова.

4 А

1. Заполните таблицу и запомните существительные с соответствующими
предлогами направления действия.

Где?	Куда?	Откуда?
в Сочи		
	в Нижний Новгород	
		из Берлина
в России		
на западе		
	на юг	
		с севера
на Кавказе		
	на Урал	
на полуострове		

2. Вставьте предлоги и употребите существительные в нужной форме.

1. На вокзале моего родного города я вошёл _____. (поезд)

2. В Берлине мы вышли _____. (поезд)

3. В аэропорту мы сели _____. (самолёт)

4. В Нижнем Новгороде мы вышли _____. (самолёт)

5. Мы побывали _____. (старинный кремль)

6. Наш теплоход поплыл _____ (Нижний Новгород)

   _____. (Астрахань)

7. В Волгограде _____ (Волга) виден огромный памятник-ансамбль

   «Героям Сталинградской битвы».

8. Астрахань – последний крупный город и порт _____. (Волга)

42

3. Определите по карте или по автомобильному атласу расстояния между городами и запишите их.

	Мюнхен	Берлин	Влади-восток	Астрахань	Ростов	Санкт-Петербург	Москва
Москва							---
Санкт-Петербург						---	
Ростов					---		
Астрахань				---			
Владивосток			---				
Берлин		---					
Мюнхен	---						

4. Что вы знаете о России?

1. Когда в Москве 14 часов, в Петропа́вловске-Камча́тском _____ часа.

2. _____ – это граница между Европой и Азией.

3. _____ – самая длинная река в Европейской части России.

4. Самое глубокое озеро в мире – _____.

5. Владивосток – важный промышленный центр на _____.

6. Золотое кольцо – это _____.

7. Полуостров _____ называют страной вулканов.

8. _____ называют «янтарными воротами» России.

9. _____ называют «жемчужиной» России.

10. В Санкт-Петербурге находится один из самых больших музеев мира –

_____.

5. ⊙⊙ Прослушайте текст № 13. Правильно или неправильно?

                                              да   нет

1. Колумб открыл вместе с Америкой и Аляску. ☐ ☐

2. Были россияне, которые хотели купить Аляску. ☐ ☐

3. На этой территории жило много россиян. ☐ ☐

4. Александр II не видел возможности защищать эти земли. ☐ ☐

5. Это единственный в истории случай, когда Америка
купила земли у другого государства. ☐ ☐

6. ☑ Прослушайте текст № 14. Заполните таблицу.

маршрут, город назначения	
какой поезд	
какой вагон	
место и время отхода поезда	
номер поезда	
номер вагона	
места	

4 Б

1. Напишите подчёркнутое число словами. Потом замените его другими числительными.

<u>24</u> русских журнала (1, 7, 18, 22, 100, 365)

_____

_____

<u>100</u> русских учёных (3, 5, 11, 21, 33, 52, 1000, 1500)

_____

_____

<u>20</u> русских газет (4, 8, 12, 31, 32, 40)

_____

_____

<u>21</u> новый ресторан (2, 7, 20, 24, 50)

_____

_____

<u>1</u> новое издательство (2, 5, 10, 13, 24)

_____

_____

2. Зачеркните неправильный вариант. Если возможны оба варианта, то объясните это.

1. К счастью, связи России с другими странами активизировали – активизировались.

2. Большое внимание уделяют – уделяется развитию туризма.

3. К сожалению, в России есть ещё много формальностей, которые усложняют – усложняются международные связи.

4. Планирует – планируется строительство автобанов и железных дорог.

5. Во многих городах реставрируют – реставрируются памятники истории.

3. Напишите как можно больше слов на тему «экономическое сотрудничество».

договор

развитие экономического сотрудничества

4. Вставьте числительные с существительными и прилагательными.

На выставке современного дизайна

Такая выставка проводится в Нижнем Новгороде кажд_____ _____ (3) год____. В этом году мой отец вместе с _____ (2) коллег_____ был на этой выставке. В ней принимали участие представители _____ (100) фирм____ из _____ (20) стран____. Мой отец познакомился с продукцией _____ (3) известн_____ русск_____ фирм____. Его фирма заключила с одной из них контракт на ближайш_____ _____ (4) год____. Ежегодно она будет покупать оборудование для офисов _____ (2) вид_____.

За последн_____ _____ (3) год___ у дизайнеров работы стало больше, потребность в их консультациях возросла в несколько раз____.

5. Напишите, как вы в письме обращаетесь к …

	начало письма	**конец письма**
близкому русскому другу	_____	_____
директору русской школы	_____	С уважением _____
бургомистру русского города	_____	_____
редакции российской газеты	_____	_____

6. Определите вид глаголов и временную форму и запишите глаголы в таблицу.

Я получила письмо от Регины. Мы познакомились в Москве. Мы переписываемся уже два года. Регина участвовала в олимпиаде по русскому языку. В свободное время мы знакомились с достопримечательностями Москвы, несколько раз ходили в театр.
Из письма Регины я узнала, что её семья скоро переедет в Вольфсбург.
Её отец будет работать на автомобильном заводе.
Регина не хочет переезжать в новый город. Она любит свой родной город Шверин.
Летние каникулы Регина провела со своим другом в Италии. Раньше она обычно проводила каникулы у своей бабушки в деревне.
Каждый день Регина читает русские газеты. В следующем письме Регина подробнее напишет о своих каникулах в Италии и пришлёт фотографии.
В будущем Регина будет писать чаще.
Сегодня вечером я отвечу на письмо Регины.

Глаголы совершенного вида

прошедшее время

_____

_____

_____

_____

будущее время

_____

_____

_____

_____

Глаголы несовершенного вида

настоящее время

_____

_____

_____

_____

прошедшее время

_____

_____

_____

будущее время

_____

_____

_____

_____

1. Назовите однокоренные глаголы к подчёркнутым существительным.

<u>исчезновение</u> Аральского моря _____

<u>уменьшение</u> площади в два раза _____

<u>возрастание</u> концентрации соли _____

<u>изменение</u> климата _____

<u>образование</u> болот _____

<u>спасение</u> Арала _____

2. Найдите антонимы к подчёркнутым словам.

1. выступать <u>за</u> строительство новых плотин _____

2. <u>продолжать</u> строить каналы _____

3. <u>бесхозяйственно</u> использовать воду _____

4. <u>мешать</u> проведению мер в защиту природы _____

3. Закончите предложения.

Чтобы экологический кризис не принял глобальный характер, _____

_____.

Чтобы защищать редких животных, _____

_____.

В интересах сохранения экологического равновесия следует _____

_____.

Для решения продовольственной проблемы нужно _____

_____.

1. Запишите подходящие слова.

исходная форма	компаратив	антоним
плохо	хуже	лучше
	дешевле	
	старше	
	быстрее	
	громче	
	меньше	
	труднее	
	выше	
	позже	
	активнее	

2. Напишите как можно больше слов на тему «человек».

3. Переведите словосочетания с помощью толкового словаря.

живые глаза

_____

живой ребёнок

_____

живой язык

_____

тяжёлая сумка

_____

тяжёлая работа

_____

тяжёлый характер

_____

зрелое яблоко

_____

зрелая мысль

_____

зрелый человек

_____

4. Подчеркните словосочетания в переносном значении. Со словами, употребляющимися для описания человека, составьте предложения (небольшой рассказ).

лёгкий чемодан, лёгкая задача, лёгкое сердце, лёгкий характер;

золотое кольцо, золотые волосы, золотое сердце, золотые руки;

твёрдые знания, твёрдая воля, твёрдые тела;

мягкое кресло, мягкий хлеб, мягкая улыбка;

светлая комната, светлые краски, светлая рубашка, светлый ум.

5 Б

1. Викторина о праздниках в России

1. Когда русские празднуют Рождество?

☐ 26 декабря ☐ 7 января ☐ 13 января

2. Кто ввёл новогоднюю ёлку в России?

☐ Иван Грозный ☐ Пётр Первый ☐ Екатерина Вторая

3. Что пекут многие русские на Пасху в России?

☐ пироги ☐ куличи ☐ блины

4. Какие цветы не принято дарить у русских?

☐ красные ☐ жёлтые ☐ белые

5. Какой день считается «праздником мужчин»?

☐ 23 февраля ☐ 10 дней до Троицы ☐ 7 ноября

5 В

1. Заполните данные анкеты о семейном положении.

семейное положение

1. Она вышла замуж. _____

2. Он женился. _____

3. У неё есть муж. _____

4. Он развёлся с женой. _____

5. У него умерла жена. _____

2. 🔲 Прослушайте текст № 19. Правильно или неправильно?

	да	нет
1. Олег отдыхал летом в Германии.	☐	☐
2. Анна вышла замуж за Андреаса.	☐	☐
3. Они венчались в церкви.	☐	☐
4. Свадьбу праздновали в доме жениха.	☐	☐
5. На свадьбе было около сорока человек.	☐	☐
6. На свадебном вечере было скучно.	☐	☐
7. Родители подарили Анне и Андреасу деньги.	☐	☐

5 Г

1. Напишите как можно больше слов, которые сочетаются со словом «церковь».

6 А

1. Дополните диалоги о русской культуре.

– К какому типу относится _____ культура?	русский
– Я думаю, к _____.	азиатский
– Я _____ мнения. Мне кажется, она ближе _____.	другой, европейский
– Почему ты так думаешь?	
– Очень _____ мне кажется влияние _____ в Европе христианства.	важный, распространённый
– Ты знаешь _____ писателя Солженицына?	русский
– Да, читала его книгу о жизни в _____ деревне «Матёрин двор».	российский
– Это _____ книга?	интересный
– Да, мне особенно понравилось то, как он изображает жизнь _____ женщины с её проблемами.	терпеливый

2. Найдите антонимы к подчёркнутым словам.

<u>можно</u> сказать   _____

относиться <u>нетерпимо</u>   _____

<u>иметь</u> терпение   _____

<u>общие</u> признаки   _____

<u>более</u> красивый   _____

6 Б

1. Какие понятия не входят в тематический ряд?

Европа: самая маленькая часть света, действующие вулканы, Израиль, классическая музыка

Азия: самая большая часть света, Казахстан, Волга, рис, Байкал, Владивосток, патриархальность

Россия: гостеприимство, Минск, Новосибирск, Обь, Европейский Союз, Бранденбургские ворота

Германия: объединение, демократия, Базель, Дунай, Северное море, матрёшка.

2. Вставьте подходящие окончания.

1. В конце XX века отношения между Россией и Германией стали лучш_____.

2. Они не всегда были хорош_____.

3. В трёх войнах Россия и Германия были противник_____.

4. Влияние Толстого, Пушкина и других писателей на немецкую культуру
   было сильн_____.

5. В области науки наши государства будут партнёр_____.

3. Замените подчёркнутые слова подходящими по смыслу.

1. <u>Во времена царствования</u> Екатерины II в Россию переселилось очень много немцев.

2. Произведения <u>великих</u> писателей и композиторов <u>оказывали влияние</u> на образжизни немцев.

3. Свобода мысли и духа всегда <u>делала близкими</u> немецкий и русский народы.

4. В конце прошлого и этого <u>столетия</u> Россия <u>поддерживала</u> объединение Германии.

1. Напишите антонимы к подчёркнутым словам.

уехать из Германии _____

лёгкая жизнь _____

младшее поколение _____

нигде не найти место работы _____

хорошо принять возвращенцев _____

разрешение на профессию _____

недоволен жизнью _____

отрицательные эмоции _____

2. Найдите эквиваленты к подчёркнутым словам.

1. русские немцы _____

2. уехать назад на родину _____

3. выбрать профессию _____

4. реализовать мечты о будущем _____

5. не согласиться с мнением. _____

3. Какие понятия не входят в тематический ряд?

народы: немцы, русские, переселенцы, украинцы, возвращенцы

родственники: внук, дочка, сосед, дядя, жених, жена, знакомый

черты характера: ответственный, терпеливый, скромный, стройный

профессии: работодатель, крестьянин, уборщица, врач, безработный

4. Подтвердите отрицание.

Образец: – Борис уже три месяца не работает, он безработный.
              – Вы правы, Борис нигде не работает.

1. Ирина не пишет письма. _____

2. Наташа уже год не читает книги. _____

3. Лена не говорит о своих проблемах. _____

5. Объясните свою реакцию, повторяя сказанное другими словами.

Образец: Я никого не спросил. Мне не́кого было спросить.

1. Мы ничего не делаем.   _____

2. Она никому не писала.   _____

3. Я никого не послал за почтой.   _____

4. Он ничем не гордится.   _____

7 A

1. Напишите свою биографию в виде таблицы.

	Автобиография
фамилия	
имя	
дата рождения	
место рождения	
гражданство	
школы	
иностранные языки	
спецкурсы	
хобби	
планы на будущее	

2. Дополните телефонные разговоры.

1. – Редакция «До шестнадцати и старше». Слушаю вас.

   – _____

   – К сожалению, его сейчас нет. Он в студии.

   – _____

   – Он, наверное, придёт часам к трём. Что-нибудь передать?

   – _____

   – Пожалуйста, звоните!

   – _____

   – Всего доброго!

2. – _____

– Привет, Саша. Рада тебя слышать.

– _____

– А на какой фильм?

– _____

– Я давно хочу посмотреть его. Где мы встретимся?

– _____

– Хорошо. До встречи.

– _____

3. – _____

– Нет. Вы ошиблись номером.

– _____

– Ничего.

3. *Его, её, их* или *свой*?

1. Моя подруга Ира называет _____ брата Сашу «бизнесменом». 2. _____ брату всего 13 лет, а он уже торгует видеоклипами. 3. _____ родители относятся к этому спокойно. 4. Год назад Саша начал подрабатывать: помогал _____ соседям в саду, продавал газеты. 5. На деньги, заработанные _____ трудом, Саша купил видеомагнитофон. 6. Теперь Саша делает записи концертов популярных музыкальных групп и продаёт их _____ одноклассникам. 7. Иногда он даёт _____ видик напрокат _____ знакомым. 8. Некоторые из _____ друзей тоже подрабатывают, чтобы иметь _____ деньги. 9. В школе у Саши нет проблем, _____ родители довольны им. 10. Ира очень любит _____ брата.

1. Найдите слова-партнёры к подчёркнутым словам.

1. <u>Дети</u> интересуются всем.

_____ интересуются не только успехами,

но проблемами своих детей.

2. Мы познакомились <u>на днях</u>.

Мой брат знает его уже _____.

3. Родители <u>разрешили</u> ей поехать в Россию.

Родители _____ ей ходить на дискотеку.

4. На дискотеке было <u>скучно</u>.

На вечеринке было _____.

2. Действительное или страдательное причастие?
Зачеркните неправильный вариант.

… Я рад, что в статьях, публикуемых – публикующих (1) в вашей газете, пишут о вреде наркотиков для молодёжи. Я хочу написать вам о своём опыте.
В Германию я приехал со своими родителями. Я у них единственный и горячо любимый – любящий (2) сын. Они запрещали мне иметь контакты с людьми, проводимыми – проводящими (3) свободное время на дискотеках и употребля-емыми – употребляющими (4) алкогольные напитки.
Я стал ходить на дискотеку. Я очень хотел тогда познакомиться с кем-нибудь, но мне мешал мой акцент и комплексы, привезённые – привозившие (5) из России.
И вот однажды ко мне подошёл один парень и предложил мне купить у него таблетку «экстази». За 20 марок я испытал ощущения, изменённые – изменившие (6) мою жизнь. Через несколько минут я не комплексовал и танцевал до утра с девушками. Все люди казались мне добрыми, мир – беспроблемным, а будущее – светлым.
Я стал регулярно принимать наркотики. Меня не интересовали мнения людей, критикуемых – критикующих (7) таких, как я.
Но очень скоро я стал чувствовать себя очень плохо. Я постоянно нервничал, ссорился с родителями, у меня были большие проблемы в школе. Однажды мне стало так плохо, что я потерял сознание и попал в больницу.
Я поздно понял, что наркотики очень вредны. Я хочу посоветовать всем, кто хочет только попробовать наркотик, – не делайте этого! Наркотики делают не для того, чтобы сделать нас счастливыми, а только для того, чтобы дилеры, торгуемые – торгующие (8) наркотиками, заработали много денег.

Пока. Виктор.

1. Напишите как можно больше существительных, которые сочетаются со словом «ценить».

2. Дополните предложения, вставляя вместо точек подходящие предлоги и правильные окончания.

1. Таня влюбилась _____ Саш_____ _____перв_____ взгляд_____.

2. Она чувствует себя _____ седьм_____ неб_____.

3. Хочу объяснить это _____ конкретн_____ пример_____.

4. _____ Люд_____ нет времени _____ сво_____ друз_____.

5. Люда ревнует Руслана _____ сво_____ подруг_____.

3. Вставьте подходящие по смыслу слова.

Окончив гимназию, я решила _____ на модельера:
это была моя давняя мечта. Я послала творческие работы в три
учебных заведения, но, к сожалению, я не получила места. Тогда
я решила брать уроки рисования. Чтобы оплатить уроки, мне нужно
было _____. Я начала _____ работу.
К счастью, я её быстро _____. Один год я _____
в магазине модной одежды.
Теперь я _____ в Свободном университете в Берлине.
Я _____ немецкую филологию, историю и искусствоведение.
Здесь я _____ с Георгом. Я _____
в него с первого взгляда. Нас _____ общие интересы
и взгляды. Георг _____ искусством.

искать
найти
учиться
изучать
интересоваться
познакомиться
подрабатывать
связывать
работать
влюбиться

1. Напишите вопросы к подчёркнутым словам.

1. Люди старших поколений <u>критически</u> относятся к молодёжной моде.

_____

2. Писателя беспокоят <u>экстремистские элементы среди молодёжи</u>.

_____

3. Взрослые должны помогать подросткам в первую очередь <u>хорошим советом</u>.

_____

4. Государство должно заботиться <u>о молодёжи</u>.

_____

5. Люди должны быть <u>терпимыми</u>.

_____

2. *Что* или *чтобы*? Дополните предложения.

1. В интервью говорят о том,_____ .

   (молодёжь – иметь свои идеалы)

2. Старшее поколение должно познакомиться с молодыми, _____ .

   (понять их идеалы)

3. Многие молодые люди хотят,_____ .

   (родители – покупать им вещи известных фирм)

4. Многие из молодых людей подрабатывают,_____ .

   (иметь свои деньги)

5. Игорь Павлов желает, _____ .

   (молодые люди – побольше читать)

6. Он хотел бы, _____ .

   (люди – быть терпимыми)

7. Государство должно сделать всё, _____ .

   (создать больше рабочих мест)

1. Напишите как можно больше существительных, которые сочетаются со словом «производить».

сельскохозяйственные машины

ПРОИЗВОДИТЬ

2. Дополните короткий разговор. Вставьте неопределённые местоимения.

– Лена, меня спрашивали?

– Да, _____, но он не назвал своего имени.

– Если _____ позвонит мне, скажи, что я буду минут через

двадцать. Мне нужно поговорить с _____ о нашей технике.

3. Вставьте подходящие по смыслу названия продуктов питания.

Моя подруга – вегетарианка. Она не ест _____, но

иногда ест _____, которую покупает у местных рыбаков.

Продукты она покупает у торговцев на местном рынке. Обычно она

пьёт кофе с _____, но без _____.

Она любит есть чёрный _____ с _____

или с _____. Её любимая еда – суп из _____.

Её любимый напиток – сок из разных _____. Очень

любит она есть и фруктовое _____. На ужин она ест

салат из разных _____ или йогурт.

хлеб
молоко
мороженое
сыр
мясо
рыба
овощи
фрукты
варенье
сахар

4. Заполните таблицу.

Моя любимая еда	
Мои любимые фрукты	
Мои любимые овощи	
Мои любимые напитки	

5. Употребите пассивную конструкцию.

1. Государство даёт фермерам в аренду землю.

_____

2. В Черноземье фермеры обрабатывают плодородную землю.

_____

3. Они производят зерно, картофель и другие продукты.

_____

4. Фермеры продают свои продукты на рынке.

_____

5. За границей Россия покупает сельскохозяйственную технику.

_____

6. В России уже несколько лет издают журнал «Сельская жизнь».

_____

8 Б

1. Найдите антонимы к подчёркнутым словам.

1. В школе Игорю было интересно (_____). 2. Игорь покупал

(_____) цветы.3. Один из клиентов подарил Игорю новый

(_____) мотоцикл. 4. В городе он продаёт продукты дешевле

(_____). 5. Игорь поступил умно (_____). 6. Без

аттестата легко (_____) найти работу. 7. У Игоря есть конкуренты

(_____). 8. Надя моложе (_____)

Игоря на 4 года.

2. OO Прослушайте текст № 29. Заполните таблицу.
Выскажите своё мнение о шансах Ивана, Нины и Бориса в трудовой жизни.

	Иван	Нина	Борис
образование			
способности, качества			
языки			
выбор профессии			
он(а) хочет			
он(а) любит			

3. Дополните интервью с теннисисткой Аней Курниковой.

1. – _____

– Когда мне было пять лет, я начала заниматься теннисом.

2. – _____

– Я говорю по-английски, по-французски, по-итальянски и по-малайски.

3. – _____

– Моим первым тренером была Лариса Преображенская.

4. – _____

– Тренируюсь каждый день, кроме субботы и воскресенья.

5. – _____

– Я очень люблю плавать, кататься на велосипеде.

6. – _____

– Я собираю фарфоровые куклы из многих стран мира.

7. – _____

– Розовый.

8. – _____

– Мне особенно нравятся розы.

8 B

1. Найдите в тексте соответствия данным ниже немецким словам и выражениям.

В России есть центры занятости для подростков. В этих центрах школьникам предлагаются торговля газетами и продуктами, очистка парков и улиц. Школьницы работают нянечками, работницами регистратур поликлиник, уборщицами офисов.
Школьники из бедных семей подрабатывают весь учебный год. Но летом они не работают, потому что помогают родителям на даче. Летом наиболее активно подрабатывают ученики 9 – 11 классов привилегированных школ. Более трети идут на работу, потому что хотят иметь собственные карманные деньги. Каждый шестой копит деньги на крупную вещь (одежду, магнитофон, мотоцикл), четверть хотят помочь родителям. Больше всего независимых юных бизнесменов в Москве, Санкт-Петербурге, Нижнем Новгороде, Казани.

Taschengeld – _____

Reinigungskraft – _____

Arbeitsvermittlungsstellen für Jugendliche – _____

Geld sparen – _____

Parksäuberung – _____

Babysitterin – _____

2. Вставьте правильные окончания.

1. Миллионы людей в России стали безработн_____. 2. Петр____ Юрьевич____
Санков____ уволили по сокращению штатов. 3. Более 20 лет он работал
инженер_____ на большом заводе. 4. Теперь он не может найти себе работу и считает себя лишн_____ в своём государстве. 5. Он говорит, что его проблем_____
никто не интересуется: у всех сво_____ проблем____ хватает. 6. Его семь_____
ден_____ хватает только на продукты.

3. Что вы напишете вашей русской подруге,
которая не сможет приехать к вам летом?

Übungstexte zur Vorbereitung auf das schriftliche Abitur

1861 – конец средневекового времени в России

Результатом деспотической политики Ивана Грозного было то, что люди боялись не только царя, но и друг друга. Поэтому они уходили на Урал, в Поволжье, где находили свою новую родину. Не только крестьяне, но и поместья многих дворян становились бедными. В таких условиях не могла развиваться экономика страны. Чтобы улучшить ситуацию в стране и сделать крестьян крепостными, зависимыми 5
от помещиков, Иван IV решил лишить их всех прав и свобод. В 1581 году он подписал закон, который «временно» запретил крестьянам уходить от помещика. Этот «временный» закон действовал в России несколько веков. До 1861 года русские крестьяне были собственностью помещиков, на которых они должны были работать с утра до вечера. Помещики же имели безграничные права: они могли продавать 10
или дарить своих крепостных, проигрывать их в карты, менять на собак. При Петре I можно было продавать крепостных только всей семьёй, а при Екатерине II и по одному.

Россия в то время была аграрной страной. 90% населения работало в сельском хозяйстве. Его уровень был низкий, он был такой, как в Англии в 1750 г. 15

Жизнь сельского населения в средневековой России была очень трудная. Они были недовольны своей жизнью и поэтому боролись против своих помещиков. Так, в первой половине XIX века в России были сделаны первые шаги по отмене крепостного права. В 1808 г. было запрещено продавать крепостных на ярмарках, в 1833 г. – продавать отдельных членов семьи. Когда в России начал царствовать Александр 20
II, выступления крестьян стали более частыми. Император боялся революции и поэто-му в своих же интересах решил провести главную реформу – освободить крестьян. В 1856 г. он сказал свою знаменитую фразу: «Лучше отменить крепостное право сверху, нежели дожидаться того времени, когда оно само собою начнёт отменяться снизу …». В начале 1861 г. Государственный совет быстро обсудил и 25
одобрил проект реформы, и царь подписал Манифест об освобождении крестьян от крепостной зависимости.

Чтение императорского закона проводилось в церквях и на сельских площадях. Крепостной не был больше собственностью помещика и получил некоторые права: он мог без разрешения помещика жениться, поступать на службу, работать по най- 30
му, заниматься торговлей, передавать своё имущество по наследству. Крестьяне получили и те земельные участки, которые они обрабатывали. Но эта земля была собственностью не отдельных крестьян или крестьянских семей, а принадлежала крестьянским обществам, которые распределяли её между своими членами. Кроме того, крестьянам нужно было ещё выкупить эту землю. За всех крестьян платило 35
общество, и никто из них не мог выйти из него без согласия других членов. Помещики имели право на любой участок земли. Как правило, они брали у крестьян лучший, наиболее ценный земельный участок, без которого невозможно было вести хозяйство. Поэтому крестьяне должны были арендовать этот земельный участок, за пользова-ние которым им надо было платить большие деньги. 40

Реформа 1861 г. была началом перехода от средневекового строя к буржуазному обществу в России. Она создала в России условия для развития капитализма, более благоприятные условия для развития промышленности, торговли. В 1864 году были созданы губернские органы, которые организовали народные школы. Строились пути сообщения, больницы и т. д. Отмена крепостного права и последо- 45
вавшие затем реформы способствовали не только культурному развитию, но и быстрому экономическому росту России.

(По: История СССР: XIX – начало XX века. – Москва, 1987. – С. 152–164.
Лексика исторических текстов: Учебные задания по русскому языку для иностранных
учащихся 2 курса исторического факультета. – Ленинград, 1990. – С. 21–27.
История СССР: Lehrmaterial zur Ausbildung von Diplomlehrern Russisch. – Manuskriptdruck, 1981. –
S. 54–58.
Юрганов А. Л., Кацва Л. А. История России XVI – XVIII вв.: Экспериментальный учебник для
VIII класса средних учебных заведений. – Москва, 1996. – С. 47.)

(500 слов)

А Задания к тексту

1. Ответьте на вопросы.

1. Когда и кем было введено крепостное право в России?
2. Какие права помещиков были отменены в начале XIX века?
3. Кем и почему была проведена реформа?
4. Какие права получили бывшие крепостные?
5. Какую роль играли крестьянские общества?
6. Почему крестьянскую реформу называют началом буржуазного общества
   в России?

2. Найдите заголовки к абзацам текста.

Б Задания по лексике и грамматике

1. Используя материал текста, образуйте словосочетания и предложения
со следующими словами: крестьяне, право, реформа, система, крепостной.

2. Выпишите из текста сочетания со словом «право» и переведите их,
если нужно, со словарём.

3. Объясните употребление видов глагола.

Царь подписал закон. Царь подписывал законы.
Запрещали крестьянам жениться без разрешения помещика.
Запретили уходить от помещика. Государственный совет обсуждал проект.
Государственный совет обсудил проект.

В Перевод

1. Переведите по смыслу.

люди боялись не только царя, но и друг друга; крестьяне не имели никаких прав; при Петре I можно было продавать крепостных только всей семьёй; менять крепостных на собак; крестьянин мог заниматься торговлей; передать своё имущество по наследству; как правило, помещики брали наиболее ценный земельный участок

2. Переведите знаменитую фразу Александра II:

«Лучше отменить крепостное право сверху, нежели дожидаться того времени, когда оно само собою начнёт отменяться снизу».

3. Дословно переведите последний абзац текста.

Г Сочинение

Напишите сочинение на одну из тем:

* Россия в XIX веке
* Почему в России до начала XIX века не могло развиваться современное буржуазное общество
* Отмена крепостного права – освобождение крестьян?

Русские в Берлине в 1918 – 1945 годы

После распада царской России, после Октябрьской революции и во время Гражданской войны многие русские эмигрировали за границу. Большая часть из них переселилась в Германию. До сегодняшнего дня не совсем ясно, сколько их было. Говорят, что в 20-х годах в Берлине жило около 300 тысяч русских.

Для одних Берлин стал новой родиной, для других – трамплином во Францию, 5
Америку. В 1922 году более 100 русских учёных были высланы из своей страны. Некоторыми из них был основан «Русский научный институт» в Берлине. В 1923 году уже 360 000 русских просили убежища в Германии. Среди них были и деловые люди, интеллигенты, дворяне, художники, писатели, музыканты. Поэтому в Берлине была богатая культурная, политическая и экономическая русская жизнь. Так, 10
например, в Берлинской телефонной книге того года было зарегистрировано 48 русских издательств и 24 газеты и журнала. В период между 1920-ми и 1930-ми годами выходило около 150 русских газет, журналов, альманахов. Была основана первая русская гимназия, в университете работал Союз русских студентов. Внешним показателем русской жизни были русские рестораны, много выставок 15
русского искусства, на некоторых из них показывали свои работы и немецкие худож-ники, и Русский союз художников.

Одним из тех, кого можно назвать «временным эмигрантом», был Илья Эренбург, известный русский писатель. В то время, когда он жил в Берлине, он активно участвовал в жизни «русской колонии». Он писал для многих газет, особенно для газеты 20
«Новая русская книга», им был основан литературный журнал. Часто он посещал вечера литературы в русском «Доме искусств». Как и поэт-символист Андрей Белый и писатель Алексей Толстой, он в 1923 году возвратился в Россию. Они не могли привыкнуть к жизни в Германии, а может быть, и не хотели.

Но не все русские возвратились на родину. С 1920 года до 1931 года в Берлине 25
издавалась русская газета «Руль». Её главным редактором был отец русского писателя Владимира Набокова.

После прихода к власти фашистов число русских в Берлине и Германии стало намного меньше. Красно-чёрный этап фашизма и сталинизма повлиял и на культуру. Диктаторы признают только «своё» искусство, которое можно охарактеризовать 30
как парад силы и прославление собственной идеологии.

В Берлине были и русские монархисты, которые в июне 1941 года, как только началась война с Советским Союзом, сформировали вспомогательные силы немецкой армии. Они надеялись на победу Гитлера и на то, что после этого они возвратятся в Россию. С 1933 до 1945 года ими издавалась антибольшевистская и анти- 35
семитская газета «Новое слово». Они боролись против партизан в тех советских областях, где власть была у фашистов. Но их не брали в фашистскую армию, потому что им не верили, как не верили и солдатам Власовской армии, в которой служили бывшие солдаты советской армии.

Традицию русских в Берлине сегодня продолжают русские газеты, детские сады, 40
русские клубы, дома культуры, книжные магазины, видеотеки и рестораны.

(По: Burchard, A., Duwidowitsch, L. Das russische Berlin. // Hrsg. Die Ausländerbeauftragte des Senats. – Berlin, 1994. – S. 10 ff.)

(446 слов)

А Задания к тексту

1. Ответьте на вопросы.

1. Почему после распада царской России многие русские переселились в Германию?
2. Как влияли русские на культурную, политическую и экономическую жизнь Берлина?
3. Что вы узнали из текста о поэте Илье Эренбурге?
4. Какую роль играли русские монархисты в Германии?
5. Как русские сегодня продолжают традицию «русского Берлина» 20-х и начала 30-х годов?

Б Задания по лексике и грамматике

1. Замените подчёркнутые слова подходящими в нужной форме.
Используйте: возвратиться, показатель, играть важную роль, издаваться, писать, сослан, эмигрировать.

1. После распада царской России многие русские <u>уехали</u> из своей страны.
2. В 1922 году более 100 русских учёных были <u>выселены</u> из своей страны.
3. Внешним <u>символом</u> русской жизни являлись русские рестораны, выставки и Русское объединение художников.
4. Когда Илья Эренбург жил в Берлине, он <u>активно участвовал</u> в жизни «русской колонии».
5. Илья Эренбург в 1923 году <u>вернулся</u> в Россию.
6. Газета «Руль» <u>выходила</u> до 1931 года.
7. С 1933 до 1945 года русские монархисты <u>публиковали</u> в газете «Новое слово» свои статьи.

2. Преобразуйте форму глагола прошедшего времени в настоящее время.

1. В Берлине жило много русских.
2. Среди них были деловые люди, интеллигенты, дворяне.
3. В университете учились русские студенты.
4. В Берлине издавалась русская газета.
5. Внешним показателем русской жизни были русские рестораны.

3. Выпишите из текста все пассивные конструкции (7) и переведите их на немецкий язык.

В Перевод

Переведите один из следующих отрывков из текста.

• Для одних Берлин стал новой родиной … писатели, музыканты.
• В Берлине были и русские монархисты … солдаты советской армии.

Г Сочинение

Прокомментируйте смысл одной из следующих русских пословиц.

• В гостях хорошо, а дома лучше.
• Не имей сто рублей, а имей сто друзей.
• Друзья познаются в беде.

Два брата

По Л. Н. Толстому

Два брата пошли вместе путешествовать. В полдень они легли отдохнуть в лесу. Когда они проснулись, то увидали – возле них лежит камень и на камне что-то написано. Они прочли: «Кто найдёт этот камень, тот пускай идёт прямо в лес на восход солнца. В лесу река: пускай плывёт через эту реку на другую сторону. Увидишь медведицу с медвежатами: отними медвежат у медведицы и беги прямо в гору. На горе увидишь дом, и в доме там найдёшь счастье».

Братья прочли, что было написано, и меньшой сказал:

– Давай пойдём вместе. Может быть, мы переплывём эту реку, донесём медвежат до дому и вместе найдём счастье.

Тогда старший сказал:

– Я не пойду в лес за медвежатами и тебе не советую. Первое дело: никто не знает – правда ли написана на этом камне. Второе: если и правда написана, – пойдём мы в лес, придёт ночь, мы не попадём на реку и заблудимся. Да и если найдём реку, как мы переплывём её? Может быть, она быстра и широка? Третье: если и переплывём реку, – разве лёгкое дело отнять у медведицы медвежат? Четвёртое дело: если нам и удастся унести медвежат, мы не добежим без отдыха в гору. Главное же дело – не сказано: какое счастье мы найдём в этом доме? Может быть, нас ждёт такое счастье, какого нам вовсе не нужно.

А меньшой сказал:

– По-моему, не так. Первое дело: нам беды не будет, если и попытаемся. Второе дело: если мы не пойдём, кто-нибудь другой прочтёт надпись на камне и найдёт счастье, а мы останемся ни при чём. Третье дело: не потрудиться да не поработать, ничто в свете не радует. Четвёртое: не хочу я, чтобы подумали, что я чего-нибудь да побоялся.

Тогда старший сказал:

– И пословица говорит: искать большого счастья – малое потерять.

А меньшой сказал:

– А я слыхал – волков бояться, в лес не ходить. По мне, надо идти.

Меньшой брат пошёл, а старший остался.

Как только меньшой брат вошёл в лес, он напал на реку, переплыл её и тут же на берегу увидал медведицу. Она спала. Он схватил медвежат и побежал на гору. Только что добежал до верху, – выходит ему навстречу народ, подвезли ему карету, повезли в город и сделали царём.

Он царствовал пять лет. На шестой год пришёл на него войной другой царь, сильнее его: завоевал город и прогнал его. Тогда меньшой брат пришёл к старшему брату.

Старший брат жил в деревне ни богато, ни бедно. Братья обрадовались друг другу и стали рассказывать про свою жизнь.

Старший брат говорит:

– Вот и вышла моя правда: я всё время жил тихо и хорошо, а ты хоть и был царём, зато много горя видел.

А меньшой сказал:

– Я не тужу, что пошёл тогда в лес на гору; хоть мне и плохо теперь, зато есть чем помянуть мою жизнь, а тебе и помянуть-то нечем.

(Толстой Л. Н. Собрание сочинений в 14 томах. – Т. 10. – Москва, 1952. – С. 67-68)

(464 слова)

А Задания к тексту

1. Ответьте на вопросы.

1. Скажите своими словами, что было написано на камне?
2. Что предложил сделать младший брат?
3. Почему старший брат не согласился с его предложением?
4. Как поступил младший брат?
5. Какая судьба была у старшего брата?
6. Можно ли считать младшего брата счастливым? Почему?
7. В чём смысл этой сказки?

2. Найдите другой подходящий заголовок.

Б Задания по лексике и грамматике

1. Преобразуйте форму глагола прошедшего времени в настоящее время. Обратите внимание на вид глагола.

1. Два брата <u>пошли</u> вместе путешествовать. 2. Братья <u>прочли</u>, что было написано на камне. 3. Он <u>схватил</u> медвежат и <u>побежал</u> на гору. 4. Меньшой брат <u>царствовал</u> пять лет. 5. Старший брат <u>жил</u> в деревне. 6. Вот и <u>вышла</u> моя правда: я всё время <u>жил</u> тихо и хорошо, а ты хоть и <u>был</u> царём, зато много горя <u>видел</u>.

2. Замените подчёркнутые слова другими подходящими по смыслу.

1. В полдень они легли <u>отдохнуть</u> в лесу. 2. Может быть, нас ждёт <u>такое счастье, какого нам вовсе не нужно</u>. 3. Нам <u>беды</u> не будет, если и <u>попытаемся</u>. 4. <u>По мне</u>, надо идти. 5. Если мы не пойдём, кто-нибудь другой найдёт счастье, а мы останемся <u>ни при чём</u>. 6. Не потрудиться да не поработать, ничто <u>в свете не радует</u>.

3. Выпишите из текста слова и выражения, характерные для разговорного стиля.

Напишите соответствующие им стилистически нейтральные слова и выражения. Как вы думаете, с какой целью писатель использует в своей сказке элементы разговорного стиля?

4. Какие из данных ниже прилагательных не образуют форм степени сравнения?

великий, готовый, живой, круглый, узкий, оптимальный, частый, слепой, дешёвый.

5. Образуйте возможные формы степени сравнения от данных ниже прилагательных и употребите их в словосочетаниях.

1. счастливый, важный
2. лёгкий, богатый, тихий
3. чистый, простой
4. хороший, плохой, маленький

6. Объясните, в каких предложениях с формами сравнительной степени передаётся сравниваемое явление. В каких предложениях передают эти формы значение превосходной степени?

1. Любовь сильнее смерти и страха смерти. (И. С. Тургенев)
2. Нет ничего радостнее труда. (Н. А. Островский)
3. Река оказалась более глубокой, чем братья ожидали.
4. Рыба ищет, где глубже, а человек – где лучше.

В Перевод

Переведите следующий отрывок из текста.

Первое дело: никто не знает … какое счастье мы найдём в этом доме?

Г Сочинение

1. Объясните смысл одной из следующих пословиц и выскажите своё мнение о её содержании.

1. Под лежащий камень вода не течёт.
2. Не ошибается только тот, кто ничего не делает.
3. Нет розы без шипов.
4. Риск – благородное дело.
5. Лучше синица в руках, чем журавль в небе.
6. Искать большого счастья – малое потерять.
7. Волков бояться, в лес не ходить.

2. Придумайте и напишите другой конец сказки.

3. Охарактеризуйте поведение двух братьев.

4. На основе сказки напишите рассказ на тему:
«Как я поступаю в сложных ситуациях».

Самая незаметная?

В нашем классе Таня была человеком незаметным. Училась средне, в общественной жизни не участвовала. Внешность у неё была самая заурядная.

Тон в классе задавали девочки. Объединяло всех нас одно: все неплохо учились. И помимо учёбы у каждой имелось какое-нибудь увлечение: одна посещала музыкальную школу, другая – драмкружок, третья писала стихи.   5

Таня в нашу компанию не входила. И никаких попыток сблизиться с нами не предпринимала. Даже, спроси нас тогда, никто не ответил бы, что Таня за человек. Так себе, ни рыба ни мясо. В год окончания школы вся наша компания ринулась сдавать вступительные экзамены в крупные вузы страны. Поступили все: кто в тот же год, кто – на следующий.   10

Таню я встретила недавно, случайно оказавшись в одном из районов московских новостроек. У меня отлетела набойка на каблуке, и я зашла в ближайшую мастерскую по ремонту обуви. И не сразу поняла, что хочет от меня молодая женщина, с которой я столкнулась в дверях.

– Ты меня не узнаёшь? – спросила она. – Я же Таня, мы в одном классе учились.   15

И точно, Таня. Но я бы сама её наверняка не узнала: что-то в ней изменилось.

Таня предложила подождать, пока мой каблук починится, и я согласилась.

Она действительно изменилась. Нет, красивее не стала. Стала раскованнее, что ли. Мне показалось, что всё, что она ни делала в эти минуты в мастерской – смотрела в окно, разговаривала со мной – она делала с видом человека, точно   20
знающего, что и зачем он делает. И уверенного, что поступает правильно. С таким же видом на ней сидело скромное, но со вкусом и по моде сшитое пальто. И какое-то непривычное, особенное выражение красило лицо. Со мной была очень интересная и обаятельная женщина.

Потом мы пошли к Тане. По дороге она рассказала о себе. Она пошла в педучи-   25
лище, и теперь работает воспитателем в детском саду. О работе она рассказывала с восторгом, я и не подозревала, что она так любит работать с детьми. Потом Таня долго показывала мне квартиру. Не пропустила ничего: ни новую швейную машину, ни старинные, необычного вида часы – с гордостью рассказывала, как муж откопал их где-то у родственников, что часы хотели было уже выбросить, но он сам отре-   30
монтировал, и они теперь даже бьют. Я и не предполагала, что обстановка квартиры может быть предметом такой гордости, а Таня, как экскурсовод в музее, останавливалась около каждой вещи, рассказывала её историю. Большая часть всего, что здесь находится, сделано их собственными руками – её и мужа.

В квартире ничего особенного не было, а тем не менее она казалась необычной, не   35
похожей ни на какую иную квартиру. Практически, я заметила, тут не было случайных, необязательных вещей. И оттого, наверно, у Тани мне очень быстро сделалось хорошо и уютно.

Мы разговаривали, вспоминали школу. Я с изумлением обнаружила, что Таня, не принимавшая, казалось бы, активного участия в жизни класса, помнит всех, помнит   40
все события. Припоминала детали, о которых я уже давно забыла… Она оказалась очень наблюдательна, с мягким, необидным юмором.

Оказывается, она – ни рыба ни мясо, как мы считали, думала всё это время о нас! И не то чтобы была без увлечений – закончила курсы кройки и шитья, научилась плести макроме, научилась печь пироги, готовить…   45

Вернулся Танин муж с сыном, мы выпили чай с домашним вареньем и расстались очень друг другом довольные.

Я возвращалась домой и думала о Тане. Обо всех нас. Где теперь наша компания?

Все закончили институты. Одна – аспирантка, другая – преподаватель техникума… Трое вышли замуж, двое развелись. Мы продолжаем встречаться, не слишком, правда, часто, куда чаще – по двое, по трое. Разговариваем, вспоминаем, делимся надеждами. Последнее время мы всё чаще говорим о том, как непросто быть счастливой. Что образование, пусть и высшее, не гарантирует того, что ты сможешь принести другому человеку счастье. Что сможешь создать благополучную семью, в которой всем хорошо. Не всем нам легко даётся пока эта наука. Я думала о тихой, самой незаметной однокласснице, которой эта наука – наука счастья – удалась. Ведь жизнь рассудила по-своему, и вышло, что Таня отнюдь не глупее нас, и даже в чём-то наоборот.

50

55

(Ажгихина Н. Самая незаметная? – Русский язык за рубежом. – 1984. – № 4. – С. 23–28.)

(638 слов)

А Задания к тексту

Ответьте на вопросы.

1. Как вы понимаете словосочетание «незаметный человек»? Подумайте и скажите, почему автор назвала свой очерк «Самая незаметная?».
2. Почему никто из одноклассников не мог ответить на вопрос, какой человек Таня?
3. Как сложилась судьба Тани после окончания школы? Кем стали её одноклассницы?
4. Что в доме Тани поразило её одноклассницу? Почему в этом доме ей стало сразу хорошо и уютно?

Б Задания по лексике и грамматике

1. Выразите согласие или несогласие с точкой зрения автора. Свой ответ аргументируйте, приведите необходимые примеры.

1. Образование, пусть и высшее, не гарантирует того, что ты сможешь принести другому человеку счастье.
2. Жизнь рассудила по-своему, и вышло, что Таня отнюдь не глупее нас, а даже в чём-то наоборот.
3. Быть хозяйкой в доме не менее трудно и престижно, чем быть кандидатом наук.

2. Определите значения прилагательных в данных словосочетаниях. При затруднении обратитесь к словарю.

заурядная внешность, непреложная истина, мягкий юмор, радушная хозяйка.

3. Найдите в тексте и выпишите слова и словосочетания, которые употребляются при описании человека: 1) портретная характеристика, 2) черты характера.

4. Прочитайте предложения из текста. Подберите к выделенным глаголам нейтральные контекстуальные синонимы.

1. Вся наша компания <u>ринулась</u> сдавать экзамены в вузы.
2. У меня <u>отлетела</u> набойка на каблуке.
3. Показывала часы, которые муж <u>откопал</u> где-то у родственников.

5. Объясните значение глагола *припоминать* в данном предложении.

Она припоминала детали, о которых я уже давно забыла.
Назовите другие приставочные глаголы, однокоренные глаголу «*помнить*»
Вспомните их управление, объясните значение. Проверьте себя по словарю.
Составьте предложения с этими глаголами.

6. Объясните смысл следующих предложений.

1. Внешность у неё была самая заурядная. 2. Тон в классе задавали девочки.
3. Жизнь рассудила по-своему.

7. Прочитайте фразы из текста и перескажите ситуации, связанные с ними.

1. Я не сразу поняла, что хочет от меня молодая женщина, с которой я столкнулась в дверях.
2. В квартире ничего особенного не было, а тем не менее она казалась необычной.

8. Дайте портретную характеристику героине очерка.

Вспомните и употребите лексику, встречающуюся в тексте.
Скажите, как личность и характер Тани раскрываются в её описании.

В Сочинение

1. Интерпретируйте высказывание.

Я думала о тихой, самой незаметной однокласснице, которой эта наука – наука
счастья – удалась.
Как автор понимает, что такое «наука счастья»? Как вы думаете, существует ли
такая наука? Часто говорят: «Счастье человека – в его руках». Как вы это понимаете? Согласны ли вы с этой точкой зрения?

2. Напишите сочинение на тему «Моё понимание счастья».

Kassettentexte

Voraussichtlich unbekannte Lexik wurde unterstrichen. Lernlexik dieses Kurses ist – wie im Schülerbuch – kursiv gekennzeichnet. In Klammern wird der Abschnitt angegeben, in dem die lexikalische Einheit erstmalig auftritt.

Курс 1

1. Пётр I
Упражнение первое.

Прослушайте текст о Петре Первом и запишите все даты. Потом прослушайте текст ещё раз и запишите связанные с этими датами события.
Великие реформы России в начале XVIII века связаны с именем Петра́ I. Он родился в 1672 году. Молодой Пётр много читал, хотел всё знать. С детства Пётр любил физический труд. Он был сильным и очень высокого роста. Его рост: 2 метра 4 сантиметра. Он очень интересовался историей и математикой. Но особенно его интересовало, как на западе строят корабли́. Учителями Петра стали иностранцы. Так Пётр научился говорить по-немецки, по-английски, по-французски.
Царь Пётр хотел иметь хорошие отношения с европейскими странами. Поэтому в 1697 году он встретился с Фридрихом III в Кёнигсберге. Здесь же Пётр учился артиллерийскому искусству. Потом он поехал инко́гнито в Голландию. Там Пётр работал несколько месяцев на ве́рфях в маленьком городе Саарда́ме. Из Голландии Пётр в январе 1698 года переехал в Англию. Там он учился строить корабли. За границей Петра интересовало всё: государственная структура, верфи, фабрики, лаборатории, госпитали, музеи.
Русский царь хотел иметь по́рты на Балтийском море. Поэтому в 1700 году он начал Северную войну. После победы под Полтавой в 1709 году Пётр I предложил Швеции мир. Но Карл XII попросил турецкого султана помочь ему победить русских. В 1710 году Турция объявила войну России. Пётр знал, что победить турков будет трудно. Поэтому он хотел мира с Турцией. Но Россия должна была заплатить за этот мир большую це́ну. Она потеряла свои важные порты на Азовском море. Войну со Швецией Россия вела 21 год. Россия как победитель получила важные морские порты Петербурга, Риги и Ре́веля.
В 1721 году царя стали называть «императором всероссийским», Петром Великим.
Своими реформами Пётр I измени́л (1 Г) не только жизнь русских, но и российскую экономику. До Петра в России работала только 21 мануфактура. В 1725 году в России была уже 221 мануфактура. Но народ в это время жил очень плохо. На строительстве Петербурга умерло очень много людей.
Пётр I умер в 1725 году.

2. Фамилия Ивана Грозного
Упражнение второе.

Прослушайте текст и скажите, почему, когда и как формировались русские фамилии.
Если бы мы могли взять интервью у Ивана Грозного, то на первые два вопроса он ответил бы: «Ваше имя?» – «Иван». «Ваше о́тчество?» – «Васильевич». Но на третий вопрос – «Ваша фамилия?» – Иван Грозный не смог бы ответить. Почему? Во-первых, ему не было известно слово «фамилия» в его современном значении. Во-вторых, у него самого не было фамилии. Большинство населения России не имело фамилий до конца XIX века.
Процесс формирования фамилий в прошлые эпохи был трудным и очень долгим. В России <u>кня́жеские</u>, а потом <u>боя́рские</u> фамилии появились в XIV – XVI веках, фамилии *поме́щиков* (1 В) формировались в XVI – XVII веках, а большинство крестьян и до 1850 года ещё не имело фамилий.
В 1897 году в России почти 75 процентов населения не имело фамилий. Люди стали получать фамилии во время русско-японской войны и во время первой мировой войны, потому что они должны были ехать на фронт. В конце 30-х годов каждый человек в России имел фамилию.
Большинство русских фамилий образовано из отчеств, значит от имени отца. Так, фамилия Ивано́в когда-то была отчеством и имела значение «Ива́нов сын, сын Ивана». Бо́льшая часть княжеских, а потом боярских фамилий образована от названия мест, где они родились. Так, фамилия боярина Шуйского произошла от названия реки и города – Шу́я. Многие русские фамилии образованы от <u>про́звищ</u>. Прозвище – это название, которое дают человеку по каким-нибудь качествам его характера или внешности. Например, фамилия «Грозный» образована от прозвища. Оно хорошо характеризует Ивана IV – известного русского царя XVI века. Среди фамилий есть и такие, которые называют профессию, например, Рыбников, что имело значение «продавец рыбы».

Курс 2

3. Индустриализация
Упражнение третье.

Прослушайте рассказ Владимира Седова об индустриализации страны Советов. Опишите ситуацию на Урале во время сталинской эпохи.
Меня зовут Владимир Евгеньевич Седов. В 16 лет я стал комсомольцем, потому что верил в идеалы социализма. Сталин говорил нам, что нас ждёт светлое будущее, если мы будем активно участвовать в индустриализации страны.
В 18 лет я, вместе с моим другом Васей, поехал на Урал строить новый город. Этот город позже назвали Магнитого́рском. Когда мы туда приехали, там ничего не было. Стоял сильный февральский мороз, а у нас не было даже тёплой

одежды. Кроме нас, комсомольцев, на Урале работали много людей, которых объявили «врага́ми (2 А) народа». 12 часов в день мы работали на строительстве. После этого, т. е. поздними вечерами, мы строили себе земля́нки – маленькие домики в земле без окон. Каждый день мы получали только 100 граммов хлеба. Многие из нас болели, теряли силы. Когда мой друг Вася начал болеть, ему стали давать меньше хлеба. Такая была дисциплина: кто не работает, тот не ест.

Однажды на строительство приехало несколько коммунистов. Тем, кто работал хорошо, дали продукты и тёплую одежду. А потом коммунисты стали называть имена людей, которые должны были собраться в одном месте. На наших глазах этих людей расстреля́ли (2 А), чтобы другие работали ещё лучше. Так я потерял своего лучшего друга.

Тех, кто критиковал Сталина и его политику, тоже расстреливали. Тогда я понял, что идея коммунизма не имела ничего общего ни с законами экономики, ни со здравым смыслом. Сталину нужна была бесплатная рабочая сила. Политические заключённые должны были бесплатно работать 16 часов в день. Они строили не только объекты большого хозяйственного значения, но и такие, которые никогда не были построены до конца. Например, несколько лет они строили железную дорогу Салеха́рд – Ига́рка, которая должна была стать частью железнодорожной магистрали через всю Сибирь. В 1952 году эту железную дорогу закрыли. Но бо́льшая трагедия в том, что миллионы советских людей потеряли свою жизнь, когда строили «светлое будущее».

4. Крах социализма в России

Упражнение четвёртое.
Прослушайте дискуссию молодых русских на тему «Почему социализм в России не имел успеха?». С какими мнениями вы могли бы согласиться, с какими нет? Аргументируйте свои ответы.

– Ребята, я не могу понять, почему у нас после долгих лет социализма «строят» капитализм.
– Потому что у нас социализма в России никогда не было.
– Как это – не было? Социализм у нас был 70 лет, а в странах социалистического лагеря – более 40.
– Но настоящего социализма у нас никогда не было, потому что не было настоящей демократии. Наш социализм был результатом путча и диктатуры коммунистов. А где диктатура – там нет справедливости. Как жил наш народ? У одних были все привилегии, а у других – никаких.
– Наташа, ты не права́. Вот, например, мой отец родился в простой семье, но наше государство дало ему возможность учиться в университете. Он даже стал профессором. И это – только один из многих примеров!
– Нет, Лев, Наташа права́, наш народ не мог

построить настоящий социализм, потому что идеи о социализме были утопичны.
– Ты хочешь сказать, что у нас социализма не было?
– И да, и нет. В лозунгах – это был социализм, а в реальности – государственный монополизм.
– Я согласна с мнением Наташи. Лозунги социализма были близки желаниям многих русских. И мои родители долго верили в идеалы социализма. Они мечтали о лучшей жизни. Но они стали равнодушно относиться к этим лозунгам, когда поняли, что их идеалы нельзя реализовать. Мой дедушка несколько лет провёл в одном из сталинских лагерей, потому что критиковал систему.
– Но как же тогда объяснить успехи СССР, если социалистическая система не функционировала? Индустриализация, электрификация, бесплатное образование для всех, победа над фашизмом, успехи наших космонавтов и спортсменов. Фактически не было безработных. Когда мой отец был школьником, он, как и многие другие дети, бесплатно проводил свои летние каникулы в пионерском лагере. Мои родители говорят, что книги были дешёвыми в то время.
– Эти успехи – успехи государственного монополизма, а не реального социализма. Семья моей матери, например, около 20 лет жила в квартире, в которой жили несколько семей. Мои родители говорят, что многие ве́щи и даже продукты были в дефици́те. У народа были свои идеалы, но реальность, к сожалению, была другой. И это привело́ к концу социализма.
– Этому помогли и другие факторы. После второй мировой войны была «холодная война». Коммунисты вели пропаганду против капиталистических стран. Поэтому нам нужна была сильная армия. А армия стоила много денег. Народ был готов жить скромно. Почти каждый говорил в то время: «главное – жить в мире».
– Конечно, у социалистической системы не было шансов. Но для многих людей идеи социальной справедливости были и всегда будут социальными идеалами.

5. А. Д. Сахаров

Упражнение пятое.
Прослушайте текст о лауреате Нобелевской премии Мира Андрее Дмитриевиче Сахарове. Охарактеризуйте его.
В 1953 году Андрей Дмитриевич Сахаров вместе с другими учёными-физиками со́здал водоро́дную бо́мбу. Он знал, что эта бомба может ликвидировать всё на земле. С конца 50-х годов Сахаров начал критиковать политику советского государства.
Андрей Дмитриевич боролся за справедливость и выступал за политическую амнистию людей-диссидентов. Людей, которые открыто выступали против советского государства, изолировали от общества. Борьба Сахарова была новой по каче-

ству – интеллигентная. За свои антимилитаристские протесты в 1980 году он и его жена Елена Боннэр были <u>сосланы</u> в город Горький (теперь Нижний Новгород).

В 1986 году Андрею Дмитриевичу и его жене разрешили переехать в столицу. В Москве семье Сахарова предложили очень хорошую квартиру, но Андрей Дмитриевич не был согласен с этим предложением. До конца своей жизни он жил в своей маленькой двухкомнатной квартире. Попросил только рабочий кабинет этажом ниже. Его дом был для него всем, но только не крепостью. В его квартире была скромная мебель. Одевался он очень скромно и просто: старые домашние туфли, старые джинсы, старая рубашка. Казалось, материальные <u>ценности</u> не играли роли в его жизни. Но в квартире везде лежали книги, газеты, журналы. К нему приходили писатели, дипломаты и простые люди. Он как никто другой умел слушать и своих оппонентов. Андрей Дмитриевич всегда предлагал своим гостям что-нибудь поесть. Кроме этого, ему нравилось делать то, что многие из нас абсолютно не любят: он любил готовить, убирать квартиру, ходить в магазин.

Андрей Дмитриевич был весёлым человеком. Очень грустным был он в собственном доме только однажды: когда не работал его телефон. Тогда, как и в Горьком, он был изолирован от мира.

До последнего дня своей жизни Андрей Дмитриевич трудился. 15 декабря 1989 года Андрей Дмитриевич Сахаров умер. Ему было 68 лет.

Курс 3

6. А. П. Чехов: «Размазня»
Упражнение шестое.
Прослушайте разговор между хозяином и гувернанткой из рассказа «Размазня» Антона Павловича Чехова.
(LB, S. 46/47)

7. Приглашение в театр
Упражнение седьмое.
Прослушайте разговор по телефону и скажите, кто с кем о чём говорит. Составьте диалоги по образцу.
– Алло, Вера? Привет.
– Здравствуй, Гриша!
– Вера, у меня два билета на «Ревизо́р» в Малый театр! Пойдёшь со мной?
– Это хорошая идея! Я не против. Сегодня?
– Нет, завтра.
– Где мы встретимся?
– Я зайду за тобой в семь.
– Гриша, приходи к шести. Поужинаем вместе, а потом пойдём в театр. Придёшь?
– Конечно, приду.
– Тогда до встречи. Спасибо, что ты позвонил.
– Пока!

8. В театре
Упражнение восьмое.
Прослушайте разговоры и скажите, в каких ситуациях они ведутся. Составьте диалоги по образцу.
– Ваши билеты!
– Минуточку … Вот, пожалуйста!
– Хотите программу?
– Да, будьте добры!

– Извините, я никак не найду своё место.
– Разрешите ваш билет. Так, партер, 14 ряд, 11 и 12 места. Идите за мной, я вам покажу. … Вот ваш ряд.
– Большое спасибо.
– Пожалуйста.

– Извините, пожалуйста, какое это место?
– Двадцатое. … Посмотрите, вот мой билет.
– Разрешите? Да, двадцатое место, пятый ряд. А это же шестой!
– Ах, шестой … Извините, пожалуйста.
– Ничего!

– Лена, тебе нравится?
– Ты знаешь, актёры неплохие, но мне не всё нравится в спектакле.
– А что не нравится?
– Как режиссёр понимает Чехова.
– Вот как?
– Ну да. Режиссёр делает героев слишком современными. А это ведь люди конца прошлого века.
– Может быть, ты права́. … Не хочешь выпить чашку кофе?
– Хорошая идея!
– Тогда пойдём в буфет.
– Пойдём!

9. П. И. Чайковский: «Итальянское Каприччио»
Упражнение девятое.
Прослушайте отрывок из произведения Чайковского «Итальянское Каприччио». Какое настроение выражает композитор?
Ausschnitt vom Anfang (ca. 0:20), Ausschnitt vom Schluss (ca. 3:40)

10. Кунсткамера
Упражнение десятое.
Прослушайте текст и скажите, о каком музее идёт речь, и чем он известен.
Пётр I интересовался всем необычным. Он очень хотел, чтобы все люди больше знали и всем интересовались. Поэтому в 1689 году в Петербурге начали создавать первый в России музей – Кунстка́меру. Туда приносили всё, что было необычным: анатомические препараты, скелеты животных, старые книги и другие интересные экспонаты. Бо́льшую часть экспонатов Пётр I купил во время поездок по России и странам Европы. Например, анатомическую *колле́кцию* (3 B) Пётр купил в Голландии. Кроме музейных экспонатов, при Кунсткамере была богатая библиотека. В 1719 году Кунсткамеру открыли для

свободного посещения. Но сначала мало людей посещали музей. Поэтому в первое время посетители не платили денег за посещение музея. Каждому посетителю предлагали даже бесплатный обед. И скоро в музей стали приходить много посетителей.

Позже в музее были созданы четыре отдела: кунсткамера, где собраны экспонаты из мира искусства и этнографии, натуркамера, где можно посмотреть экспонаты из мира природы, мюнц-кабинет, где можно увидеть редкие монеты, и кабинет Петра I, где собран исторический материал о России. Кунсткамера дала начало многим музеям: анатомическому, зоологическому, биологическому, антропологическому, мемориальному музею Петра I и другим.

Сейчас музей носит имя Михаила Васильевича Ломоносова. В этом здании раньше находилась Российская Академия наук, где работал великий русский учёный. Заново построен конференц-зал, где проходили собрания Академии наук, в которых участвовал Ломоносов.

Курс 4

11. О самоварах
Упражнение одиннадцатое.
Прослушайте текст и скажите, что вы узнали из истории самовара. Какую роль играет чай в жизни россиян?

Фразеологизм «ехать в Тулу со своим самоваром» значит: ехать куда-нибудь и брать с собой что-нибудь, где этого очень много. Фразеологизм связан с культурой России. Родиной самовара называют уральский город Суксун. Через этот город проходила дорога из Китая в Москву. Климат здесь холодный, поэтому в гостиницах и ресторанах предлагали чай. А для того, чтобы он всё время был горячим (4 А), люди, которые работали в ресторане, придумали самовар.

Россияне очень любят пить чай. Каждая семья хотела иметь самовар. Поэтому 250 лет назад Фёдор Лисицын основал первую фабрику самоваров в городе Тула. Рабочие фабрики делали каждый самовар особенным, каждый из них имел свою форму и свой орнамент. Но по конструкции они были одинаковыми. В тридцатые годы XIX века в Туле было восемь самоварных фабрик, а в начале XX века их было уже 77. На них работали около двух тысяч рабочих. Самыми престижными считались самовары Баташёвых. Они пользовались большой популярностью не только в России, но и за границей. Самовар продавали в 60 странах мира.

У тульских фабрик были конкуренты из других российских городов. Но конкурировать с такими фабриками, где самовары были самого высокого качества, было непросто.

Сейчас Баташёвскую фабрику реорганизовали в предприятие «Штамп». Это предприятие строит машины. Но на предприятии по традиции производят угольно-жаровые и современные электрические самовары. На территории предприятия открыт музей самоваров. Здесь можно посмотреть скромные самовары, из которых раньше пили чай простые люди, и самовары, которые стояли на царском столе. К 250-летию русского самовара тульские рабочие сделали самый большой самовар: он весит 500 килограммов, его высота – 1 метр 80 сантиметров. А самый маленький самовар, который находится в музее, весит 250 граммов.

Сейчас в России почти никто не пользуется угольно-жаровым самоваром. Но почти в каждой русской семье есть электрический самовар. Чай всегда играл важную роль в жизни россиян. Уже в XVII веке «пригласить на чай» значило «пригласить в гости». И сегодня россияне часто приглашают своих друзей на чай. Чай пьют за разговором, очень много и долго.

Многие иностранцы покупают русские самовары как сувенир, потому что это маленькая часть России.

12. Москва
Упражнение двенадцатое.
Прослушайте текст. Объясните, почему российская столица получила название «Москва». Запишите важные даты и факты из её истории.

В исторических документах в первый раз пишут о Москве в 1147 году. Тогда князь Юрий Долгорукий пригласил на встречу в Москву князя Святослава. В то время Москва была маленькой деревней. Юрий Долгорукий вошёл в историю как основатель Москвы.

Москва находилась в месте, где текли (4 А) большие реки Древней Руси. Вокруг этого места были леса, которые приносили большую пользу населению.

А что значит слово «Москва»? Есть несколько гипотез о том, как появилось это название. Одна из них следующая. Первая часть слова – из литовского языка «маскус», что значит «маленький». А вторая часть – из старославянского языка, где слово «ва» имело значение «вода». То есть, Москва – это «маленькая вода» или «маленькая река». Значит, город Москва получил своё название от маленькой Москвы-реки.

Москва построена на семи невысоких горах. На самой высокой из них – Боровицкой – находится самая старая часть города с Кремлём. В то время вокруг Москвы установили деревянные стены.

С XIII века Москва стала центром княжества. При князе Иване Калите Москва стала политическим и церковным центром княжества. Со второй половины XV века Москва – столица единого Российского государства.

В 1712 году царь Пётр Великий сделал Санкт-Петербург столицей империи. Но для русского народа Москва всегда была главным городом России. Здесь, в Кремле, проходила коронация русских царей. Здесь в 1755 году был основан по инициативе Михаила Ломоносова первый русский университет, где могли бесплатно учиться талантливые юноши.

Во время войны против наполеоновской агрессии в 1812 году она короткое время находилась в руках французских <u>войск</u> Наполеона I и была сильно <u>разру́шена</u>. Но русские войска под руководством Кутузова победили Наполеона под Москвой. В XIX веке в Москве, как и во всей России, стала быстро развиваться промышленность. Город стал одним из крупнейших промышленных и культурных центров России.

С марта 1918 года Москва опять стала столицей России.

В 1935 году москвичи и гости города стали пользоваться метро. К 1956 году был построен стадион в Лужниках, главная арена 22 Олимпиады. А в 1967 году была построена телебашня Останкино, её высота более 540 метров. Это самая высокая <u>телеба́шня</u> в Европе.

В 90-е годы в центре Москвы построены <u>за́ново</u> и реконструированы многие церкви и исторические здания.

13. Из истории Аляски
Упражнение тринадцатое.

Прослушайте текст, потом скажите, почему русский царь продал Аляску. Чем известна Аляска сегодня?

Аляску неофициально часто называют «Русской Америкой». Почему так? Эти земли были открыты русскими путешественниками в XVII – XVIII веках. Аляска стала российской, когда Ви́тус Бе́ринг, капитан-командо́р российского флота, заявил на неё права. Русские поселения начали появляться на Аляске с 1784 года. В то время там было несколько <u>мехов́ых</u> <u>торго́вых</u> пунктов и несколько <u>со́тен</u> русских солдат.

В 1867 году царь Александр II продал Аляску США всего за несколько миллионов рублей, хотя в России были люди, которые были готовы купить эти земли за более солидную сумму.

Тогда Российская империя находилась на трёх огромных континентах. Нужно было иметь огромное население, чтобы держать такие земли под контролем и <u>защища́ть</u> их. Россияне не хотели переселяться на Аляску. Там они не могли заниматься сельским хозяйством из-за (4 B) очень холод-ного климата. Кроме того, в то время никто не знал, что на Аляске находятся богатые запасы важных природных ресурсов.

Что было бы с Аляской, если бы её не продали? Может быть, то же, что и с Флори́дой, которая до 1819 года была испанской колонией. Испанцы не хотели вести войну с американцами и поэтому отдали им Флориду. Или же повторилась бы такая же история, как с частью северных земель Мексики. В результате двухлетней войны они были взяты силой американцами. Александр II решил действовать как французы, которые в 1803 году продали земли За́падной Луизиа́ны, потому что не могли их защитить. Российская армия была в то время слабой. Если бы американцы силой взяли Аляску, то без проблем они смогли бы взять и российский север, например, Чуко́тку и Се́верную Камча́тку.

Купив Аляску, американцы начали <u>обраба́тывать</u> северные земли. Очень скоро они нашли там запасы <u>зо́лота</u>, позже запасы <u>угля́</u> и газа. В 1957 году на территории Аляски были найдены и большие запасы <u>не́фти</u>. Только <u>добы́ча</u> нефти и её переработка составляют около 75 процентов <u>дохо́дов</u> США.

14. У билетной кассы
Упражнение четырнадцатое.

Прослушайте разговор у билетной кассы и запишите все факты о маршруте, времени поездки и о местах. Составьте диалоги по образцу.
– Пожалуйста, два билета до Иркутска на двадцать пятое.
– Иркутск на 25 мая. В купейный вагон?
– Да, пожалуйста, два купейных.
– Подождите минуточку. … Так. Вот ваши билеты.
– Хорошо. С какого вокзала отходит поезд?
– С Казанского вокзала в 18 часов 50 минут.
– А когда мы будем в Иркутске?
– 31 мая в 19 часов 45 минут.
– А номер поезда? Вагон?
– Посмотрите в билете, там всё написано.
– Да-да. Поезд номер 42, вагон 9, места 9 и 10.

15. В поезде
Упражнение пятнадцатое.

Прослушайте разговоры. Кто с кем о чём говорит? Составьте разговоры по этому образцу.
– Это девятый вагон?
– Да. Ваши билеты!
– Пожалуйста.
– Девятое и десятое место. Проходите!
– Билеты вы сразу возьмёте?
– Нет, я потом соберу.
– Скажите, в поезде есть ресторан?
– Есть, между восьмым и девятым вагонами.
– Спасибо.
– Пожалуйста!

– Доброе утро. Чай будете?
– Да, буду. А скажите, какой у вас чай?
– Чёрный грузинский. Из самовара, конечно.
– Варенье у вас тоже есть?
– Конечно.
– А что вы ещё можете предложить?
– Бутерброды, пирожки, шоколад.
– Хорошо! Тогда я возьму варенье и 2 бутерброда. А газеты у вас есть?
– Да, есть и журналы. А какие газеты вам принести?
– У вас есть «Аргументы и факты»?
– Есть. Я принесу вам минут через десять.
– Спасибо!
– Пожалуйста!

16. Разговоры по телефону
Упражнение шестнадцатое.

Прослушайте разговоры по телефону и опишите ситуацию, в которой ведутся эти разговоры. Составьте диалоги по образцу.
– Алло!
– Здравствуйте. Это Шнитке говорит.

– Простите, кто говорит? Я вас плохо слышу. Говорите громче!
– Говорит Александр Шнитке из Берлина.
– Здравствуйте. А вам кого?
– Попросите, пожалуйста, Ларису!
– К сожалению, её ещё нет, она в школе. Что ей передать?
– Скажите ей, пожалуйста, что звонил Александр Шнитке из Берлина. Я позвоню ещё раз.
– Хорошо, я передам ей.
– Спасибо. До свидания.
– Всего доброго.

– Алло, слушаю вас.
– Будьте добры, скажите, нельзя ли забронировать в вашей гостинице но́мер на двоих?
– Пожалуйста. С какого числа?
– С первого декабря.
– Сколько дней вы хотите у нас пробы́ть?
– Две недели.
– Пожалуйста, ваша фамилия?
– Барно́вский.
– Мы забронировали для вас номер с 1 по 14 декабря.
– Большое спасибо. До свидания.
– До свидания.

– Аэропорт «Шереметьево-2». Слушаю вас.
– Скажите, пожалуйста, в какое время вылетает сегодня самолёт в Берлин?
– Самолёт в Берлин вылетает сегодня в 13 часов 45 минут.
– Спасибо. До свидания.
– До свидания.

17. С. Михалков: «Прогулка»
Упражнение семнадцатое.
Прослушайте стихотворение Сергея Владимировича Михалкова.
(AH, S. 25, Übg. 2)

Курс 5

18. Русские и цветы
Упражнение восемнадцатое.
Прослушайте разговор Саши со своей сестрой Ниной, а потом скажите, на что нужно обратить внимание, когда русским дарят цветы.

– Нина, слушай, родители Светы пригласили меня в гости. Какие цветы ты бы посоветовала мне купить для её мамы?
– Обязательно только живы́е, значит цветы из сада.
– Хорошая идея, я куплю для Светы и её мамы по одной жёлтой розе.
– Саша, ты должен знать, что один цветок не дарят. Обычно дарят три, пять или семь цветков.
– Ну тогда я возьму 9 жёлтых роз.
– Они очень красивы, но я бы посоветовала тебе купить красные розы.
– Почему красные?
– Мне кажется, что мама Светы немного суеве́рна (5 А). А для суеверных людей цвета́ имеют символическое значение. Красный цвет –

символ победы, поэтому красные цветы можно дарить всегда и всем.
– Как интересно, а я об этом не знал. Нина, скажи, а какое символическое значение имеет жёлтый цвет?
– Суеверные люди считают, что если подарить жёлтые цветы, то близкие люди не будут видеть друг друга долгое время.
– Знаешь, Нина, а моя Света не суеверная!
– Почему ты так считаешь?
– Я уже несколько раз дарил Свете жёлтые розы, потому что это её любимые цветы.
– Хорошо, тогда подари Свете жёлтые розы, а маме красные.

19. На немецкой свадьбе
Упражнение девятнадцатое.
Прослушайте разговор, а потом скажите, что на немецкой свадьбе по-другому по сравнению с русской.
(Олег из Новгорода был в гостях у своего немецкого друга Яна в Дрездене. Олег рассказывает своей подруге Гале о своих впечатлениях.)

– Олег, как ты провёл свои каникулы в Германии?
– Прекрасно! Ян показал мне все достопримечательности Дрездена. Я чувствовал себя там как дома. Я даже был на немецкой сва́дьбе (5 В)!
– Правда?! Как интересно! Расскажи об этом, меня очень интересуют традиции и обы́чаи (5 Б) других народов.
– Давай будем смотреть фотографии, которые я сделал на свадьбе. Я буду рассказывать, а ты спрашивай, что тебя интересует.
– О, это хорошая идея!
– Вот смотри, на этой фотографии ты видишь групповой портрет. Это Ян. А меня узнаёшь?
– Слушай, Олег, ты ли это? Я в отпа́де! В первый раз вижу тебя в костюме. Он очень идёт тебе!
– Да, мне все так говорят. Но скажу честно, лучше всего я чувствую себя в лева́йсах.
– А сколько человек было на свадьбе?
– По-моему, человек 15, не больше.
– Так мало? Разве свадьба не имеет большого значения для немцев? У них мало друзей?
– Для немцев, как и для нас русских, свадьба имеет большое значение. Но жени́х и неве́ста (5 Б) приглашают на свадьбу только самых близких. Вот на этой фотографии ты видишь Анну, сестру Яна. А это её муж Андреас.
– Какое красивое платье! А где их дру́жки?
– У немцев не принято, чтобы на свадьбе у жениха и невесты были свои дру́жки.
– А машину, в которой жених и невеста едут в загс, украша́ют?
– В Германии не все украшают свадебный поезд, как это делают у нас.
– А как проходит регистрация бракосочета́ния (5 В) у немцев?
– По-моему, как и у нас. Но я не знал, что во время всей церемонии бракосочетания жених и невеста сидят. Они только встали, когда об-

менивались *кольцами* (5 B). А на этой фотографии ты видишь ресторан, в котором мы праздновали. В зале было много цветов, играла музыка. Мы много пили, ели, танцевали.
– Да, на этой фотографии хорошо видно, что всем было весело. А что подарили Анне и Андреасу?
– Их родители подарили им деньги. Они сами этого пожелали.

20. Приглашения по телефону
Упражнение двадцатое.
Прослушайте телефонные разговоры и озаглавьте их, а потом расскажите коротко, кто кому и с какой целью звонил. Составьте диалоги по образцу.
– Алло! Слушаю вас.
– Верочка, это ты? Это Лена.
– Ах Леночка, привет!
– Вера, ты не хочешь встретить с нами Новый год?
– Хочу! Можно я приду с Сашей?
– Что за вопрос? Конечно, мы все будем рады с ним познакомиться. Приходите часов в десять.
– Может быть, прийти пораньше? Я помогу готовить салаты.
– Прекрасная идея! Я буду рада.
– Спасибо за приглашение. Мы придём.
– Хорошо. Ждём вас. Пока!
– До встречи!
– Пока!

– Алло! Слушаю.
– Нина, привет!
– Ах Андрей, привет!
– Нина, у нас сегодня вечером *тусовка*. Придёшь?
– Слушай, а кто ещё придёт?
– Наташа с Игорем, Зоя с Сашей и ещё наши друзья из Германии.
– О, как *здорово*! Уже два года занимаюсь немецким. А теперь будет возможность поговорить по-немецки с настоящими немцами. Обязательно приду.
– Хорошо, тогда я заеду за тобой часов в шесть.
– Договорились.

Курс 6

21. Город трёх цариц
Упражнение двадцать первое.
Прослушайте текст о некоторых фактах из истории немецкого города, который связан с русской историей. Потом ответьте на следующие вопросы.
1. Почему проспект в этом городе называется именем русского царя – Александра II?
2. Что вы узнали о «русской» комнате в музее?
3. Почему Алису Гессенскую стали называть Александрой Фёдоровной?
4. От кого и какой подарок получила Александра Фёдоровна?

В центре Дармштадта находится русская церковь. К ней ведут две тихие улицы. Одна носит имя Николая, другая – Александры. Это имена последнего русского царя и его жены. Кроме того, в городе есть проспект, который называется именем русского царя – Александра II. Почему они появились в Дармштадте?
Это объясняется просто. Дармштадт часто называют родиной трёх русских цариц. Предлагаю вам посетить местный музей. Этот музей раньше был дворцом, где жили принцессы.
В музее находятся портреты гессен-дармштадтской принцессы Вильгельмины. В 1773 году она вышла замуж за русского царя Павла I. С того времени царица стала называться Натальей Александровной. Но через три года она умерла.
В музее есть и специальная «русская» комната. Там вы можете увидеть портреты Александра II и его жены Марии Александровны. Мария Александровна тоже жила в Дармштадте. На родине её называли принцессой Марией. Русский царь часто бывал в гостях у родственников царицы. Поэтому его именем и была названа одна из улиц Дармштадта.
Но более интересно для нас то, что в Дармштадте родилась Алиса Гессенская. В октябре 1894 года она вышла замуж за русского царя Николая. И её стали называть Александрой Фёдоровной.
В 1896 году Николай II посетил Дармштадт, где по его желанию построили церковь Марии Магдалины. Это был подарок монарха своей жене, которая приняла *православие*. Церковь стоит на земле, которую привезли из России.

22. Жизнь без проблем ...
Упражнение двадцать второе.
Прослушайте интервью с 17-летним российским немцем из Казахстана и скажите, как вы оцениваете ответы Саши.
– Саша, какой ты представлял себе Германию, когда ты жил в Казахстане?
– Я думал, что в Германии лучше. Для жизни всё есть: продукты, техника высокого качества. Одним словом, жизнь без проблем.
– Знал ли ты что-нибудь об истории Германии, о её культуре?
– Раньше я не интересовался историей Германии и её культурой. Почти ничего не знал.
– Расскажи, пожалуйста, о своих первых впечатлениях в Германии. Что тебе здесь сразу понравилось, что не понравилось?
– Мне сразу понравилось, что здесь очень хорошо относятся к животным, что здесь много красивых машин. Мне сразу понравились магазины и красивые *дома*.
– Тебе трудно было начинать учиться?
– Да, были проблемы с языком. Кроме того, мой документ об окончании средней школы, который я получил в Казахстане, здесь не имеет *юридической* силы. Мне нужно ещё раз учиться в школе. И это не совсем легко.

– Что тебе нравится в немецкой школе? Она другая, чем та, где ты учился в Казахстане?
– Учителя здесь неплохие. И мне особенно нравится, что здесь много современной техники. Но жаль только, что у меня здесь мало друзей.
– Есть ли среди одноклассников такие, которые смеются над тобой?
– Сейчас нет, а раньше некоторые ребята смеялись надо мной.
– Каким ты представляешь себе своё будущее?
– Учиться хочу. Получить профессию. Я хотел бы открыть хлебный магазин. Или хотел бы стать чемпионом Германии по боксу.
– Кем ты себя считаешь: немцем, русским, российским немцем?
– Я думаю, российским немцем, значит, немного русским и немного немцем.

23. Спасибо, Начмед!
Упражнение двадцать третье.
Прослушайте текст, а потом ответьте на вопросы.
1. Где расположен город Энгельс, и что вы узнали о нём?
2. О каком времени говорится в тексте?
3. Что вы узнали о судьбе немцев в это время?
С девяти лет и до окончания школы я жила в городе Энгельсе. Так называлась раньше столица Немецкой автономной республики СССР. Энгельс находится на берегу Волги, недалеко от города Саратова. Энгельс был город особенный. Я это сразу не поняла, когда переехала туда в 1935 году. На улицах говорили по-немецки, по-русски и по-украински. Когда-то, в далёком прошлом, в Энгельс переехали *переселенцы* (6 В) не только из Германии, но и с Украины.
В 1941 году, когда началась война, в нашей школе находился госпиталь. В то время мне было 16 лет. Я пришла туда попроси́ться помогать. Какой-то руководитель посмотрел на меня и сказал: «Если хочешь помочь, то ты можешь сидеть у телефона и сообщать, кого попросят». Я была согласна.
Через некоторое время я установила, что многие просили к телефону <u>начальника</u> медицинской <u>службы</u>, значит, главного врача госпиталя. В госпитале к нему относились как-то по-особенному, а кто-то из персонала сказал мне: «Это очень хороший хирург!» Его фамилию я слышала много раз в день, но теперь … я забыла её! Совсем! Поэтому в моём рассказе я называю его просто начальником медицинской службы, коротко – Начмед. Хотя у него было очень много работы, он находил время для меня, простой девушки. Я могла говорить с ним обо всём: о литературе, о политике и даже о моей первой любви. Он был таким прекрасным человеком и хорошим специалистом, что и я решила стать врачом.
После каникул, 31 августа 1941 года, я приехала из Саратова в Энгельс. Но вокруг всё было как-то не так: в коридорах нет обычных разговоров, лица у всех грустные. Что произошло?! Дома мама

показала мне газету, где писали о депортации немцев в Сибирь и Казахстан.
Не буду рассказывать об этих чёрных днях, когда все немцы выехали из Энгельса.
Через несколько дней мы работали в саду. Иногда мимо нас проходили люди. И вдруг я увидела высокого стройного человека. Это был Начмед. Он подошёл ко мне и спросил: «Вы не телефонистка Галя?» Глаза его были грустные. Он сказал, что должен эвакуироваться. Я что-то ответила, но не могла поверить, что и он должен уйти!
Начмед, я забыла Вашу трудную немецкую фамилию. Но знайте, что я всегда очень желала, чтобы у Вас было счастливое будущее.
Спасибо Вам.

24. Рыжая кошка
Упражнение двадцать четвёртое.
Прослушайте разговор и охарактеризуйте отношения между кошкой, солнцем и цветами. О каких проблемах говорится в сказке?
– Жила-была маленькая <u>ры́жая</u> кошка. Она была ещё маленькой и никто не сказал ей, что рыжих кошек намного меньше, чем, например, серых и чёрных. Но у маленькой кошки был друг – <u>со́лнце</u>. Оно рассказало ей, как оно живёт, как делается погода и почему иногда бывает холодно. А маленькая кошка рассказала солнцу, как живут люди в своём красивом доме. Но однажды солнце не пришло. Кошка увидела только серое <u>не́бо</u>.
– Наверное, небо закрывает солнце. Попробую найти его.
(Getuschel, Gelächter)
– Вдруг она услышала, что кто-то тихо смеётся. Слева она увидела красивые розы. <u>Цветом</u> они очень похожи на неё. Немного прошла и слышит – кто-то тихо сказал:
– Совсем, совсем рыжая!
– Почему вы смеётесь?
– Ну … Ну, ты же такая рыжая…
– Да, рыжая. А почему смешная? И вы, и я – рыжие.
– Как ты можешь называть нас рыжими? Это ты рыжая. Мы, розы – оранжевые. Мы все красивые, и весь мир нас любит. Конечно, мы громко не будем смеяться над тобой. Мы хорошо воспитаны. Просто делаем вид, как будто не видим, что ты рыжая.
– Как это может быть, что не видите? А другие цветы?
– Многие цветы ведут себя некультурно. Мы таких как ты просто игнорируем.
– Игнорируете? Так я сама всем говорю. Я – рыжая, как солнце. Ясно вам?
– Вдруг появилось солнце.
– Солнце, солнце! Я совсем рыжая. Что мне делать?
– Будь рада этому, сестричка.
– Чему? И почему она – ваша сестра? Вы совсем не похожи друг на друга.
– Да, я не цветок. Но я тоже – ры́жее.

– Рыжее???
– Да. Разве я – жёлтое? Нет. Красное или оранжевое? Нет. И, конечно, никто не скажет, что я белое! Значит – я рыжее. И мы, знаете ли, родственники. Пошли, сестричка!
– Солнышко, цветы всегда будут такими и плохо будут относиться к другим?
– Они не плохие, они глупые и не понимают, что рыжая кошка – это так же красиво, как оранжевые розы или белые лилии. Я же говорю: маленькая ты очень. Вот и не понимаешь.
– Вырасту.
– Конечно.

Курс 7

25. Театр или футбол?
Упражнение двадцать пятое.
Прослушайте разговор и выскажите своё мнение о тех проблемах, о которых спорят Саша и Вова.
– Слушай, Вова, ты пойдёшь со мной в воскресенье на стадион? Играет наша команда.
– Нет, спасибо. Я давно хочу сходить в театр и решил пойти туда в воскресенье. Мы с Наташей купили билеты в Большой, на оперу Чайковского «Пиковая дама».
– Что тебя там ждёт? Скучные люди в костюмах. А на стадионе – атмосфера, люди, которые любят футбол. Возьми и Наташу с собой!
– Но мне и в театре интересно – интересно слушать музыку, *наблюда́ть за* (7 А) реакцией зрителей на оперу.
– Ага, понимаю. Ты тоже один из тех, кто ходит в театр, потому что это престижно? Платишь большие деньги только за то, чтобы тебя там увидели?
– Конечно, есть и такие люди. Но большинство зрителей просто очень любит театр. И для меня театр – неплохое *развлече́ние* (7 А). И для Наташи тоже. Дома она, кроме телевизора, ничего не видит: телевизор у неё целый день работает. Родители сидят дома и смотрят. Всегда только телевизор! Представляешь, как это скучно!
– А что ты имеешь против телевизора?
– Нет, я не против. Но нельзя же только сидеть у телевизора.
– Конечно, нет, это я понимаю. Я тоже больше люблю смотреть футбол на стадионе, чем по телевизору. А чтобы познакомиться с пьесами, я могу их прочитать. Это можно делать везде: в поезде, в парке или даже на уроках в школе.
– Но театр учит видеть и слышать, значит, лучше понимать жизнь вокруг себя.
– Значит, по-твоему, весь мир – театр, а все люди в нём – и актёры, и зрители.
– Думаю, что да.
– Значит, тогда пойдёшь со мной на стадион. Там настоящий театр.
– Нет, всё-таки в воскресенье я пойду в Большой. А на стадионе встретимся через неделю. Договорились?

26. Нужны ли сегодня книги?
Упражнение двадцать шестое.
Прослушайте текст о значении книг в настоящее время и скажите, с какими тезисами вы согласны, с какими нет.
Меня зовут Боря, мне 16 лет, я учусь в гимназии. Каждый день слышу: читай книги, люби их, без них нельзя учиться.
Конечно, книга – дело хорошее. По ним учились наши родители. Но кроме книг, в наше время есть и другие возможности получать информацию. Сейчас почти у каждого есть компьютер и другая техника. Интернет даёт каждому возможность получить информацию, которой в одной книге быть не может. Телевидение помогает нам, например, побывать в далёких странах.
В каждом городе есть кинотеатры, клубы, а там организуются вечера, дискуссии. Есть и дискотеки, кафе и бары, где можно поговорить с друзьями, познакомиться с интересными людьми.
Книги собирают, но не читают. Лучше, как у наших соседей по дому: у них мало книг, но много видеокассет. Я к ним часто хожу и интересно провожу время. Захотел серьёзный фильм о животных Австралии – пожалуйста. Захотел классическую литературу – тоже пожалуйста. Детектив, концерт – тоже пожалуйста. Из лучших произведений классической литературы можно создать прекрасные фильмы. За два часа смотришь то, что читаешь неделю.
Книги читают сегодня в поезде или в автобусе. Но, по-моему, нужно брать с собой не романы, а короткие рассказы или просто журналы.

27. В свободное время
Упражнение двадцать седьмое.
Прослушайте разговор между молодыми людьми. Скажите, чем они занимаются в свободное время.
– Толя, когда ты сегодня будешь дома?
– Поздно. У меня тренировка.
– Всегда эти тренировки! Что только тебе нравится в белом <u>мя́чике из целлуло́ида</u>? Когда ты будешь готовиться к экзаменам?
– Одно другому не мешает.
– Как это не мешает?
– А вот так. После тренировки я чувствую в себе новые силы. И это помогает мне работать.

– Ребята, что делать в эту погоду? Дождь и дождь.
– Давайте, поиграем в компьютерные игры.
– Согласна, а потом поиграем в шахматы.
– Без меня. Мне больше нравятся другие игры на досках, например, <u>ша́шки</u>.
– У меня лучшее предложение. Давайте поиграем в карты?
– В карты? Если да, тогда поиграем в скат.
– Я против этого предложения. Я не люблю играть в карты. Давайте решим кроссворд.
– Я вижу, вам трудно договориться. Поэтому я думаю, что будет лучше, если каждый будет заниматься тем, что ему интересно.
– <u>Здо́рово</u>!

– Ребята, вы не забыли? В субботу мы встреча-
емся в 9 часов на площади перед вокзалом.
Оттуда мы поедем на велосипедах к озеру.
Нас <u>поведёт</u> Вадим.
– Ну, тогда всё отлично. Вадим хорошо знает эти
места.
– Там же можно купаться?
– Конечно, Ира. Там можно и кататься на <u>ло́дке</u>.
– А какие возможности заниматься спортом там
есть ещё?
– У озера находятся площадки для волейбола и
<u>бадминто́на</u>.
– Значит, каждый может *развле́чься* (7 А). Пре-
красно!

28. Психология
Упражнение двадцать восьмое.
Прослушайте монолог Вити Чумакова перед
экзаменом и выскажите своё мнение о нём.
Только бы <u>сдать</u> этот экзамен! Только бы сдать!
Последний раз так сдаю, а потом буду заниматься каждый день! Только бы сдать! Завтра же
начну новую жизнь. Буду вставать в шесть часов
и бегать в парке. А потом – в школу на занятия.
Буду учиться, ни о чём другом думать не буду.
Даже в библиотеку буду ходить. Начну заниматься спортом. Спать буду только шесть … нет –
пять часов. Ни к кому не буду ходить в гости, ни с
кем не буду гулять, ничем не буду увлекаться.
Только бы сдать этот экзамен! Ничего не знаю –
ничего не выучил. Вот если бы в субботу на
дискотеку не пошёл, а в воскресенье не поехал
бы на футбол… Если бы в понедельник не ходил
бы с Аней в кино, а во вторник не ходил бы с ней
в кафе… Если бы я все эти дни занимался…
Теперь я буду воспитывать свой характер. Буду
стараться! В кино ходить не буду. Читать буду
только учебники. С Аней будем встречаться только во время каникул. Вот встану завтра в шесть
часов… Нет, сегодня же начну!
Через десять минут Чумаков сдал экзамен на
тройку. Он вышел из класса и подумал:
– Какие глупые мысли приходят в голову перед
экзаменом! Хорошо, что я об этом никому не сказал.
На улице он подошёл к телефону и позвонил Ане.
– Жду тебя, как всегда, в семь часов у кинотеатра
«Спутник».

29. На встрече одноклассников
Упражнение двадцать девятое.
Прослушайте разговор и скажите, кто из молодых
людей имеет лучшие шансы работать по своей
специальности в будущем.
(Иван, Нина и Борис вместе учились в восьмилет-
ней школе, а потом очень давно не виделись.
Сегодня они собрались в своей старой школе на
встречу одноклассников.)
– Ваня, ты ли это?
– Боря, ты? Как долго мы не виделись!
– Да, почти пять лет.
– Ребята, ну, как вы думаете, кто я?
– Может быть, Верочка?

– Нет, не Верочка, а её лучшая подруга.
– Ниночка! Вот так встреча! Было не просто
узнать тебя.
– Да, наша Ниночка стала настоящей дамой. Как
дела?
– Спасибо, хорошо. Учусь в МГУ, во время каникул работаю в ресторане. А вы чем занима-
етесь?
– После школы я начал учиться на автомеханика.
– А я окончил восемь классов и начал продавать
газеты, журналы и книги. И до сегодняшнего
дня занимаюсь этим.
– Нравится?
– Лучше, чем учиться. Я знакомлюсь со многими
людьми. Только плохо, что не говорю на иностранных языках. В Москве много иностранцев,
а они – потенциальные покупатели.
– Ты прав, Боря. Важнейший язык продавца и
автомеханика – язык покупателя.
– И я так думаю.
– Но языки – не всё. Я продаю газеты, потому
что я хороший психолог и продавец. Я хорошо
знаю, чем интересуются люди старшего и
молодого поколений и умею продавать свой
товар.
– Профессиональная компетентность и языки –
это, по-моему, то, что нам нужно в жизни. Поэтому я очень интересуюсь всеми новостями в
автопромышленности.
– Иван, ты абсолютно прав. Не менее важны,
чем профессиональная компетентность, знание языков и психологии. А ещё важно быть
инициативным и мобильным. Осенью я поеду
на год в Германию, чтобы познакомиться с
системой немецкого права.
– Ты, Нина, просто молодец! Поздравляю.
Знаете, а у меня <u>сюрпри́з</u> для всех.
– Сюрприз для всех!? О, я люблю сюрпризы!
– Ребята, давайте сначала выпьем за нашу
встречу! А потом сюрприз.

30. Чего боятся подростки?
Упражнение тридцатое.
Прослушайте отрывок из радиопередачи «До
шестнадцати и старше …» и скажите, что
молодые люди думают о своих перспективах.
– Добрый день, дорогие ребята. Тема нашей сегодняшней <u>бесе́ды</u> «Молодые люди и российское общество». Как вы считаете, почему в
России сейчас много бедных, *ли́шних* (8 А) и
бомже́й (8 А)?
– Я думаю, потому что в России много безработных. В стране очень трудно найти работу.
– Я тоже так думаю. Но хотела бы сказать, что
другая проблема – высокие цены.
– Я же другого мнения. Я считаю, что среди
бедных людей есть и люди, которые не желают
работать.
– Чего вы боитесь больше всего?
– Я очень боюсь, что мои родители потеряют
работу.
– Моя мама уже два года безработная. Я тоже

боюсь, что я сама не смогу найти в будущем хорошую работу.
– А я оптимист и ничего не боюсь. Я уверен, что всё это – дело самого человека.
– Мне известно, что многие из вас работают после школы. Скажите, что вы готовы делать, чтобы заработать денег?
– Я готова продавать газеты, убирать в киосках и магазинах.
– Я готов работать на почте, носить *вещи* (7 А) пассажиров на вокзалах.
– А я готова гулять с собакой соседей. Иногда я пишу сочинение и решаю задачи по математике за других.
– А теперь провокационный вопрос: какие книги сейчас не нужны?
– По-моему, не нужна литература о политике.
– А я считаю, что не нужна порнографическая литература.
– Вы можете не согласиться со мной, но я считаю, что нужна разная литература. Каждый должен читать то, что его интересует.

Курс 8

31. Н. А. Некрасов: «Кому на Руси …» (отрывок)
Упражнение тридцать первое.
Прослушайте отрывок из поэмы Некрасова «Кому на Руси жить хорошо».
(LB, S. 159, Übg. 3)

32. В Россию можно верить
Упражнение тридцать второе.
Прослушайте текст и расскажите, что вы узнали о Фёдоре Ивановиче Тютчеве.
Фёдор Иванович Тютчев – известный представитель русской философской лирики XIX века. 22 года он жил за границей.
Тютчев очень любил Россию. Россия для него была большой красивой картиной. Но Тютчев не всё понимал, что происходило на его родине. Многое было ему неясным.
В своих детях Тютчев старался воспитать любовь к русскому народу и веру в родину. Своей дочери он писал, что в России она найдёт больше любви, чем в других странах. В России она почувствует всё доброе в её народе и будет счастлива, что родилась русской.
В конце своей жизни Тютчев написал следующие строки:
    Умом Россию не понять,
    Аршином общим не измерить:
    У ней особенная стать –
    В Россию можно только верить.
Иван Сергеевич Тургенев писал, что о творчестве Тютчева не спорят: кто его не чувствует, тот не чувствует поэзии.

33. Интервью с мамой
Упражнение тридцать третье.
Прослушайте интервью журналистки с её мамой. Резюмируйте и прокомментируйте содержание разговора.

– Мама, при ком тебе было лучше жить: при Сталине, Хрущёве, Брежневе, Горбачёве, Ельцине?
– При всех *правителях* (8 Г) народ жил плохо. О сталинских временах нет смысла говорить. При Брежневе многие люди весь день проводили в магазине, чтобы купить килограмм масла. И сейчас всё не очень просто: очень много безработных. Многие люди, которые работают, долго ждут своих заработанных денег. Но сейчас жить можно, в магазинах всё есть. Плохо, что сейчас нет колхозов, а новых *фермеров* (8 А) очень мало, потому что государство им не помогает. Сейчас мы покупаем хлеб за границей. Жаль, что мы продаём наши природные ресурсы, например, наш лес и газ. Почти все предприятия закрыты. Люди сидят дома.
– Как попала Россия в эту трудную ситуацию?
– Наши политики нам всегда говорили неправду, а мы верили. Границы были закрыты. Люди не знали, как живут другие народы.
– Ты оптимист?
– Да, конечно. Я считаю, что через несколько лет наш народ будет жить лучше.
– Что ты можешь сказать о сегодняшней молодёжи?
– По-моему, раньше дети больше понимали проблемы родителей. Сейчас молодые видят, что надо бороться за своё место в жизни. Сегодняшняя молодёжь хочет бóльшего, хочет быть хозяевами жизни.
– Что бы ты пожелала детям?
– Желаю, чтобы они получили ту работу, которую они хотят и чтобы имели свои деньги.
– Мама, какой твой девиз?
– Лучше давать, чем просить.

34. Дюна: «Коммунальная квартира»
Упражнение тридцать четвёртое.
Прослушайте песню популярной русской рок-группы «Дюна». Обсудите, как она отражает жизнь в России.
(LB, S. 160, Übg. 6)

35. З. Гиппиус: «Знайте»
Упражнение тридцать пятое.
Прослушайте стихотворение «Знайте». Какое у автора настроение?
(AH, S. 55, Übg. 9)

36. Девушка и милиционер
Упражнение тридцать шестое.
Прослушайте разговор и охарактеризуйте девушку и милиционера.
– Пожалуйста, ваши документы.
– Это почему же?
– Вы нарушили *правила* *уличного* движения.
– Кто вам сказал?
– Сам видел. Ваши документы, пожалуйста!
– Почему я должна давать свои документы незнакомому человеку?
– Я из Государственной автомобильной инспекции и имею право посмотреть ваши документы.

- А откуда я знаю, что вы из Государственной автомобильной инспекции?
- Разве вы не видите мою униформу?
- Ну, знаете, униформа – это такое дело ... Вот однажды моя подруга познакомилась с одним милиционером ...
- Не рассказывайте, покажите мне ваши документы!
- Я только хотела сказать, что униформе не всегда можно верить.
- Хорошо, я могу показать вам свои документы.
- Это другое дело. Сейчас посмотрим. Так ... Значит, вы – Н. К. Коти́шкин?
- Не Котишкин, а Кожи́шкин.
- Разве? А здесь буква «ж» написана как «т» ... Ну, хорошо, Кожишкин. Посмотрите, на фотографии вы на себя не похожи. Давно фотографировались?
- Семь лет назад.
- Скажу честно, тогда вы были симпатичнее.
- Ну хватит! Давайте мои документы! У меня нет времени с вами разговаривать, я работаю! Если бы не вы и ваш автомобиль, не было бы здесь так много машин!
- Как это, если бы не я и мой автомобиль? Вы сами попросили меня остановиться!
- Ну, хорошо, хорошо. Только дайте мой документ!
- Берите, но больше никогда не нарушайте правил уличного движения!

Lösungsschlüssel

Schlüssel zu ausgewählten Übungen des Schülerbuches

1 A

4 1. Степан Разин (предводитель крестьянского восстания); 2. Екатерина I (царица); 3. Гоголь (писатель); 4. Толстой (писатель); 5. Репин (художник); 6. Глинка (композитор), Чехов (писатель), Менделеев (химик).

5 1. Ленин беседует с делегатами III Всероссийского съезда Российского коммунистического союза молодёжи (2 – 10 октября 1920 г.); 2. 1812 г. – изгнание французских войск из Москвы; 3. 1917 г. – штурм Зимнего дворца; 4. Подписание германским верховным командованием акта о безоговорочной капитуляции гитлеровских войск в Берлине-Карлсхорсте 8 мая 1945 г. (генерал Г. К. Жуков, А. Я. Вышинский – замминистра иностранных дел, генерал В. Д. Соколовский).

7 объединение; образование; царствование; восстание; продолжение; изгнание; отречение; создание; федерация; разоблачение; сосуществование; подписание; демократизация; *другие знакомые слова*: выступление, движение, дополнение, индустриализация, исполнение, окончание, основание, повторение, пожелание, поздравление, посещение, представление, приглашение, решение, сравнение, требование, уважение, увлечение, употребление, …

11 1. с 988 г. …; 2. Иван IV …; 3. при Иване III; 4. царствование Екатерины II с 1762 г. до 1796 г.; 5. 7 ноября по новому стилю; 6. Великая отечественная война; 7. в 1992 г.

13 2. шапка Мономаха; картина «Ходоки́ у Ленина» (В. А. Серов, 1950 г.); Белый дом горит (3 октября 1993 г.); 4. В. И. Ленин, Иван Грозный, царь Пётр I, царица Екатерина II, Е. И. Пугачёв, царь Александр II, царь Николай II, И. В. Сталин, М. С. Горбачёв, Б. Н. Ельцин.

1 Б

2 1. Россия, Украина, Белоруссия; 2. Эстония, Латвия, Литва, Польша; 3. с запада на восток – 1 700 км, с севера на юг – 1 100 км; 4. Германию; 5. Киев, Новгород (Суздаль, Смоленск, Псков, Ростов, Владимир, По́лоцк, Ярославль, Белозе́рск); 6. Киев – столица Украины; Полоцк в Белоруссии; Новгород, Суздаль, Смоленск, Псков, Ростов, Владимир, Ярославль, Белозерск в России.

5 1. немцы; 2. племена, крестьяне; 3. идол, атеизм; 4. Пётр I, Кремль.

6 1. -един-; 2. -основ-; 3. -государств-; 4. -зыва-; 5. разви-; 6. созда-; 7. князь. Во второй половине IX века <u>князь</u> Олег, <u>объединив</u> …, <u>основал</u> … У него была дружина, … управлять <u>государством</u>. … В результате … быстро

<u>развивались</u> … и другими <u>государствами</u> … Большую роль … Ярослав, которого народ <u>назвал</u> … В Киеве при нём были <u>созданы</u> …

10 Во второй половине…, объединив … Князь Владимир, желая … Нападая на Русь …

1 В

7 бояре; недоверчивый, верный, доверять; управление, правительство; совет, советник; централизация, центральный, центр; *другие знакомые слова*: вера, по/верить, верующий; правитель, управление, управлять; по/советовать, советский.

8 лицемерие (лицо, мерить); злопамятный (зло, память); семнадцатилетний (семнадцать, лет); законодательство (закон, дать); воевода (война, водить); город-порт; многонациональный (много, национальный); татаро-монголы; самосознание (сам, сознание); противоречивый (против, речь).

9 1. от Запада; 2. жестокого правителя, кровавого тирана; 3. сделать всё для развития; 4. организовать опричнину; 5. родилось сильное централизованное многонациональное государство.

11 В лице царя … жизнь, которая … Страшные сцены … интриги …, свидетелем которых … В 1549 г. … людей, которые … В это время … реформ, важнейшей из которых … Правительство … воевод, задача которых … Была создана …, развитие которой … Кроме того, … людей, которых … После освобождения …, под властью которых … В 1560 г. … Анастасия, которую … и с которой … Чтобы получить … войска, задача которых … Так Иван IV … тираном, которого … В русской истории … фигуры, которую …

1 Г

7 1. -мен-: изменить, отмена, обменять, изменение; 2. -образ-: образовать, образ, образование, изобразить; 3. -вес-/-вод-: ввести, руководитель, поведение, полководец; 4. -шир-: расширить, ширина, широкий, расширение; 5. -езд-: приехать, приезд, отъезд, поездка; 6. -да-: издать, передать, издатель, продавец.

9 В результате реформ … была ликвидирована … и был создан … Вместо … были созданы … В 1718 г. … была создана … Царём были приняты меры … были созданы … По его инициативе … была создана … Для дворян была издана …

2 A

6 1. Daheim ist´s am besten. Daheim ist daheim. 2. Besser spät als nie. 3. Besser wenig und gut, als viel und schlecht. 4. Geben ist seliger denn nehmen. Nehmen ist leichter als geben. 5. Sprich wenig und höre viel. Besser zehnmal hören, als einmal sprechen.

7 1. отмечать; 2. осуществлять; 3. умирать; 4. радуется.

11 пойти к императору; подойти к Зимнему дворцу; переходить на нашу сторону; *переносное значение*: произойти 9 января; войти в историю; привести к революции; провести реформы; ввести восьмичасовой рабочий день; привести страну к кризису; проходить под лозунгом; привести к образованию; выйти из войны; прийти к власти; привести к победе.

12 1. вышли из бюро; 2. привёз; 3. прилетел в Берлин; 4. вылетели из Москвы; 5. вошли в самолёт, подъехали к аэропорту.

2 Б

7 1. сильный; 2. разрушить; 3. отдельно, один; 4. врагами.

20 высотный дом на Котельнической набережной в Москве; площадь „Strausberger Platz" в Берлине; *похожие здания*: в Варшаве (Дворец науки и культуры).

В Москве есть 7 «сталинских небоскрёбов»: здание МГУ на Воробьёвых горах, здание Министерства иностранных дел на Смоленской площади, здание Министерства железнодорожного транспорта у Красных ворот, здание гостиниц «Украина» и «Ленинградская», здания двух жилых домов на площади Восстания и Котельнической набережной.

2 В

7 1. Ноябрьская революция; 2. свобода слова; 3. первый президент РФ; 4. укрепление власти КПСС; 5. контроль над средствами массовой информации; 6. диктатура пролетариата; 7. командная экономика.

8 1. руководителем советских коммунистов; 2. не хотел ликвидировать (уничтожать; не думал об отказе от социализма); 3. любим; 4. окончена; 5. суверенитет (стали свободными).

10 Это произошло потому, что ... Многие немцы его любят потому, что ...

3

Titel: ноты музыки к балету П. И. Чайковского «Лебединое озеро»; здание Эрмитажа (Зимний дворец со стороны Невы); Чехов читает актёрам Московского Художественного театра свою пьесу «Чайка» (слева от него: К. С. Станиславский).

3 А

3 1. б; 2. б; 3. в; 4. а, в; 5. а, б.

7 Юлия Васильевна вспыхнула и затеребила оборочку, но ... ни слова. ... Левый глаз ..., но – ни слова! ... шепнула Юлия Васильевна. ...Оба глаза ... пот. ... сказала она дрожащим голосом ... Она взяла и ... ... прошептала она. Она кисло улыбнулась ... Она робко замерсикала ...

8 Автор использует литературно-разговорный синтаксис: использование формы диалога, простых предложений, неполных предложений, элептических конструкций, особенностью структуры которых является отсутствие сказуемого, что придаёт высказыванию динамичность, слов-предложений, эмоциональных междометий и перерывов в речи, вызванных волнением говорящего, уменьшительных и ласкательных форм существительных, архаизмов для создания исторического колорита эпохи, типичных в кругах аристократии иностранных слов и добавления «-с» после междометий и союзов (ну-с, потом-с).

10 оборочка – оборка; блюдечко – блюдце; сюртучок – сюртук; носик – нос; пальчик – палец.

3 Б

7 не знал бы; приносила бы; могли бы разочароваться; не впал бы.

3 Г

5 выставка; посетитель; отразить/отражать; показать; видна, увидеть; смотритель; понять; разрешить, разрешение; рисуя, нарисован; правдивый.

6 правдиво и экспрессивно отразить; внимательно посмотреть; ясно представлять себе картину; сидеть спокойно; быстро найти; молча смотреть.

4 А

3 1. 48 Германий; 2. с запада на восток – 8 000 км, с севера на юг, от Мурманска до Чёрного моря – 4 000 км; 3. Москва; 4. Обь с Иртышом, Каспийское море, озеро Байкал; 5. Кавказ (Эльбрус – 5 642 м).

4 1. Киев, Рига, Байконур; 2. Рейн; 3. Севан, Иссык-Куль; 4. Карпаты, Альпы, Тянь-Шань; 5. Ява; 6. пустыня, тропики.

5 Таня в Москве; Валерий в Волгограде; Саша в Ростове-на-Дону; Рима в Санкт-Петербурге.

4 Б

5 может быть; к сожалению; я уверена, что ...; как я уже писала тебе; к счастью; например; одним словом; кажется; как говорят.

4 В

4 1. на территории Казахстана и Узбекистана; 2. ~~Российский~~ Арал; 3. нет ошибок; 4. хлопок; 5. не могут использовать землю из-за высокого уровня грунтовых вод и вторичного засоления.

10 *Foto:* Табличка-указатель находится в зоне 30 км от Чернобыльской атомной электростанции; Тайга в Бурятии после лесного пожара.

5

Titel: Архиереи Русской православной церкви; «Храм Воскресенья Христова» (Спас-на-Крови) в Санкт-Петербурге; находится на месте убийства царя Александра II народовольцами; построен в 1907 г. его сыном.

4 отдых, развлечение; детский; старый; смеяться; читать стихи, играть на каком-н. инструменте; говорить, рассказывать; хозяин, хозяйка.

14 быстрый (-ая) как антилопа (ракета); интересный (-ая) как роман (детектив); сильный как Геркулес; стройная как берёзка; чистый как кристалл, честный как кристалл; глупый как баран; хитрый как лиса; трусливый как заяц; ...

20 Откуда пошло слово «Русь»?

Названия «Россия, Русь, русские» давно вызывают научные споры. Одни учёные считают слово «Русь» названием скандинавского (норманского) племени — ср. финнское Ruotsi, эстонское Roots (Швеция), финнское Ruotslane и немецкое Reussen (шведы) — и связывают его с древне-исландским Róþsmenn или Róþskarlar (гребцы, мореходы). Это объяснение опирается и на исторический факт призвания норманских князей в древний Киев.

Другая версия связывает «Русь» со средневековой легендой о трёх братьях Лехе, Чехе и Русе, ставших прародителями поляков, чехов и русских. Чех основал королевство в Богемии, Лех – в Польше, а Рус стал основателем «необычно обширного русского государства с главным и столичным городом Киевом».

Существует и версия, которая опирается на расшифровку слова «Русь» на основе названий рек и водных источников. Эта гипотеза даёт возможность точно расшифровать первоначальное значение слова «Русь» – «земля славянского племени, живущего на берегу реки Русь (Рось)».

4 Пасха – праздник; пасха – сладкое кушанье из творога.

12 *текст 1:* (23 февраля) В народе его считают «праздником мужчин». (9 мая) К могилам солдат приносят цветы и венки. А 12 декабря отмечают День Конституции: .... Сегодня празднуют многие церковные праздники. Крещение отмечают в ночь на 19 января. В этот период стоят сильные морозы, которые называют крещенскими. В конце зимы празднуют весёлый праздник ....

текст 3: Царь ... – так на Руси говорят о Пасхе. В семьях за день-два до Пасхи красят яйца, ... И ещё одно: пасхального зайца ... в России не знают.

текст 6: Только в 1992 году в России 7 января объявили нерабочим днём. В сочельник можно есть .... А в день ... можно есть всё. За это им дают .... Подарки дарят обычно на Новый год. На рождество готовят пироги. Говорят, ... К рождественскому столу подают ...

7 в Германии; в некоторых областях России; на Руси; на свадьбе; в загсе; в специальном Дворце бракосочетаний; в деревнях; в доме; в городах; в кафе или ресторане; на праздничном столе; за столом.

8 Для русских свадьба имеет ... День перед свадьбой в России празднуют не так, ... Только на второй день после свадьбы ... В этот день жених приезжает за невестой со своими друзьями на празднично украшенных машинах. Чтобы всем гостям на свадьбе ... Стало традицией ... всем свадебным поездом ... Сейчас многие русские венчаются ... Церемония венчания ... над головами венчающихся держат венцы. Жених и невеста пьют вино ... В деревнях на свадьбу ... Её празднуют ... В городах свадьбу могут праздновать ... Свадебный стол ... Иногда на праздник ... На русских свадьбах ... На праздничном столе много разных блюд и напитков. Считают, что водка, которую пьют на свадьбе, ...

3 христианин, христианка, христианский, христианство, Христос, Христов (Рождество Христово, Воскресенье Христово).

6 1. Der Mensch denkt, Gott lenkt. 2. Die Götter geben ihre Güter keinem Faulen. 3. Im siebenten Himmel sein (schweben). 4. Aller guten Dinge sind drei. 5. Sie predigten öffentlich Wasser und tranken heimlich Wein. 6. Nach uns die Sintflut. 7. Der Himmel ist hoch, der Kaiser ist weit. 8. Morgenstunde hat Gold im Munde.

7 многонациональность – многонациональный; древность – древний; патриархальность – патриархальный; терпимость – терпимый; покорность – покорный; безличность – безличный.

11 На этот вопрос ответить непросто. Поэтому неудивительно то ... Во многих древних русских городах немало архитектурных памятников ... Многие люди на Западе ... а вместе с тем – покорность, безличность. История показывает ... и недалека от Азии.

16 По религиозным ... культура русского народа едина. Русская культура терпима ... Европейские традиции ... были близки ... Но российская модель ... близка ... Такая патриархальность характерна ...

22 *стр. 106:* на заднем плане – карелы (Республика Карелия), на переднем плане (молодой человек и старая женщина) – представители народов Северного Кавказа – кабардинцы, лезгины или чеченцы (Кабардино-Балкарская Республика, Чеченская Республика), в середине – русские, справа – представители коренных народов Сибири и Дальнего Востока – якуты или ненцы (Республика Саха или Якутия, Ненецкий автономный округ);

слева – чукча (Чукотский автономный округ), в середине – представитель народа Северного Кавказа, справа – чувашка или татарка (Чувашская Республика, Республика Татарстан – район Поволжья и Южного Урала).

6 Б

5 1. Это не так; 2. сближать наши народы; 3. вклад в развитие; 4. с одной стороны, с другой стороны; 5. и в XIX столетии, и в конце XX века; 6. хорошо знать, что никакая война не ведёт ни к чему хорошему; 7. одна из главных основ единой Европы.

7 российско-германские отношения; русские цари; русские учёные; немецкие солдаты.

8 1. русским; 2. российского; 3. на русском; 4. российской.

11 оба наших государства; под влиянием обеих культур; отношения между обоими государствами; оба государства; оба народа; значение для обоих государств.

17 Екатерина II; Пётр I; Подписание Договора «2 + 4» 12 сентября 1990 г. (на снимке: Хард [Hurd], Шеварднадзе, Дюма, Горбачёв, Геншер, де Мезьер, Бейкер [Baker]).

6 В

3 переселяться; переселенцы; население; *другие знакомые слова*: переселиться, село, сельский, поселение, переселение, переселенка.

7 запрет на профессию; проработать; безработный; убирать, уборщица; работодатель; работать кем? (учительницей, инженером, …); обслуживать станок-автомат; получать хорошие деньги; дать работу; получить постоянную работу; работать по своей специальности; быть начальником; строитель; отдать своё хорошее рабочее место иностранцу; машинист; без работы; своим трудом добиться успеха (цели).

10 1. ни у кого нет; 2. не говорят ни с кем; 3. ничего не знают; 4. никто не отдал.

7 А

4 1. об идейном; 2. отрицательная, негативная; 3. честным; 4. богатых; 5. грустная, невесёлая; 6. мало; 7. о себе; 8. современной.

7 Некоторые наблюдают за торговлей своих детей … К тому же, у родителей так мало времени, … а не на спокойный разговор со своими детьми. Не нужно ругать новое поколение за его прагматизм. Ведь все сейчас говорят о деньгах, точнее – об их отсутствии у многих. Многие родители сейчас не имеют возможности давать своим детям даже … Их девиз: … Его дело – учиться. А взрослые … что делать со своими деньгами. Действительно, … недостатки своих «партнёров по бизнесу» … А что говорить … что дал свой плейер … Но я не думаю, … зарабатывать свои деньги …

8 1. свои; 2. его; 3. её; 4. свой; 5. об их проблемах.

7 Б

5 о людях, употребляющих наркотики; курящий анашу; танцующие, веселящиеся парни и девушки; большинство ходящих туда; люди, пробующие наркотики.

9 1. слушающий музыку парень, не думающий о последствиях человек, хорошо знающий законы журналист; 2. спрашивающий сына отец, разговаривающий с молодыми людьми журналист; 3. беседующие о проблемах молодые люди, действующие по девизу люди, использующие каждую возможность дети; 4. говорящие по-русски девушки, строящие дом строители; 5. пишущий книгу писатель, ищущий работу учитель; 6. ждущий подругу молодой человек, берущий интервью корреспондент; 7. дающая книгу девушка, встающий рано отец; 8. бьющий мальчика подросток; 9. живущие в деревне школьники.

10 1. решаемые задачи; 2. создаваемое произведение искусства; 3. критикуемый политик; 4. используемые справочники; 5. организуемый вечер; 6. публикуемые статьи.

13 *Foto Mitte:* нельзя ставить машину по чётным дням.

7 В

7 Если это так, то можно тебя поздравить. Надо сказать, дружбу убила любовь. Невозможно поверить, что любовь может быть такой… Конечно, можно согласиться с тем, что не всех любовь делает умнее. Но зато нельзя отрицать, что она делает всех счастливее.

22 1. Besser in der Tasche kein Geld als ohne Freund(e) in dieser Welt. 2. Ein alter Freund ist besser als zwei neue. 3. Auf Schönheit lege Wert, doch lebe mit Verstand. 4. Ein echter Freund ist wie ein leiblicher Bruder. 5. Freundschaft und Brüderlichkeit sind mehr wert als Reichtum. 6. Freunde erkennt man in der Not. Freundschaft bewährt sich in der Not. Freunde in der Not gehen tausend auf ein Lot. Im Unglück zeigt sich der Freund. 7. Sag mir, wer dein Freund ist, und ich sage dir, wer du bist. 8. Ein falscher Freund ist schlimmer als ein offener Feind. Fürchte weniger den klugen Feind als den falschen Freund.

7 Г

6 Мне нравится, что … Часто можно слышать, что … Мы знаем, что такое … Но я думаю, … он поймёт, что … Я за то, чтобы … Меня приятно удивляет, что … Мне нравится в них и то, что … подрабатывать, чтобы … Я могу их понять: … иметь свои деньги, чтобы … Конечно, я хотел бы, чтобы … Я очень хочу, чтобы … Я хотел бы, чтобы …

8

Titel: «Хотел капитализму – получай ценовую клизму! Молился на рынок – продавай последний ботинок! Ратовал за свободу – отдал власть "уроду"!» *sinngemäße Übersetzung:* „Du wolltest den Kapitalismus – also schlucke auch die Preise! Du hast für den Markt gebetet – also verkaufe deinen letzten Schuh! Du hast für die Freiheit gekämpft – und hast die Macht einem »Scheusal« gegeben!"

8 А

4 1. певец; 2. двор; 3. жираф; 4. колхоз.

6 Федеративная Республика Германия; Российская Федерация; Московский государственный университет; Государственный универсальный магазин; Государственная Дума; Европейский совет, Европейский союз, Европейское сообщество; гидроэлектростанция; атомная электростанция; Организация Объединённых Наций; коллективное хозяйство; советское хозяйство; сельскохозяйственные продукты; медицинский персонал; медицинская помощь; сельский магазин.

9 На рынке встретил … который когда-то был… Вон бабушки продают какую-то морковь … Понимаете, … называются как-нибудь по-другому … Кроме того, … а не какие-то колхозы … Но кое-кого из таких людей …

11 1. кто-то ещё писал; 2. где-то на юге; 3. кто-то; 4. с кем-то; 5. какие-то.

12 1. кое-когда; 2. кто-то; 3. кое-что; 4. кое-кто помогает.

16 1. Wie die Erde (der Boden) so auch die Ernte. 2. Mit Geduld und Spucke fängt man eine Mucke. Geduld und Fleiß erringt den Preis. 3. Man pflanzt die Bäume schnell, aber erntet nicht so bald.

8 Б

5 Игорь, в каком классе ты учишься? Кто научил тебя этому? Дядя научил меня этому. Поэтому я решил продолжить учиться в вечерней школе. Надя работает …, она учит детей читать и писать.

8 1. трудности … предметам; 2. хорошие деньги; 3. продавать овощи на рынке; 4. по профессии; 5. брать; 6. контакт.

11 Я окончил 7 классов, а потом бросил школу. У меня …, и в школе … А как твои … Отца у меня нет, а мама … Но когда я купил … У тебя много клиентов, и хорошо ли они платят? Платят, … мастер, но большинство … У местных …, а в городе … А что за книга у тебя на столе? Важно знать, что …, а что не очень. Моя мама говорит, что …, но с цифрами – порядок. В нашем городе есть … но меня … Хотя сейчас …, но я не знаю, … В школе были …, а сейчас … Хотя она …, но она мне … У меня много работы, а я ещё …

8 В

3 Zeitungsannonce: в/о – высшее образование, водит. – водительские.

7 Но везде ему сразу задавался вопрос, сколько ему лет. Aber überall wurde ihm sofort die Frage gestellt, wie alt er sei. В газетах часто говорится: … In den Zeitungen wird oft gesagt: …

8 Г

10 страна, где много противоречий; строить ракеты; летать в космос; исследовать космос; финансировать армию; развивать военную промышленность; дефицит товаров; иметь плохую бытовую технику; проблемы в сельском хозяйстве; жить скромно, бедно …

Schlüssel zu ausgewählten Übungen des Arbeitsheftes

1 А

3 по горизонтали: Иван, Екатерина, Пётр, Разин, Пугачёв; по вертикали: Александр, Кирилл, Владимир, Сталин, Горбачёв, Кутузов, Ленин, Хрущёв, Наполеон; на снимках: Пётр I, Екатерина II, Иван Грозный.

1 Б

1 крестить, православие, религия, бог, священники, монастырь.

1 В

1 верный, недоверчивый, недоверие, верность (-н- и -ость); жестокий, жестокость; строгий, строгость; противоречивый, противоречие; расширять, расширение; казнить, казнь; убить, убийца, убийство; отражаться, отражение.

2 верный, глупый, гордый, грозный, добрый, жестокий, культурный, доверчивый, противоречивый, робкий, сильный, скучный, страстный, строгий, умный.

3 1. …, который своими реформами …; 2. …, в которую входили …; 3. …, которые часто нападали …; 4. …, которого народ боялся …; 5. …, которого бы оценивали …

4 1. которой; 2. которых; 3. которого; 4. которых.

1 Г

1 суффиксы: видеть, строитель, дворец, сильный; префиксы: передать, разрешить, повести; префикс + суффиксы: иностранец, перестройка, уверенность, доверить, поведение.

2 1. крепость; 2. помещик; 3. правитель; 4. дворянин; 5. смерть; 6. христианство; 7. шахматы; 8. православный; 9. войско; 10. управление; 11. полководец; 12. чиновник. (Пётр Михайлов)

3 Flugblatt: по указу Петра I стригут бороды дворянам.

2 А

1 1. больше; 2. лучше; 3. больше; 4. больше; 5. меньше.

2 вышел, перешёл, прошёл, зашёл, дошёл, вошёл, вышел, пришёл.

3 1. война; 2. царь; 3. народные депутаты; 4. социалисты.

4 1905 г.: увольнение, забастовка, демонстрация, «Кровавое воскресенье», начало Первой русской революции, введение восьмичасового

89

рабочего дня; *1917 г.:* Февральская революция, отречение от престола царя, Временное правительство, Советы рабочих и солдат, Октябрьская революция, власть большевиков, Декрет о мире, создание первого социалистического государства при Ленине.

6 1. а; 2. а; 3. в; 4. б; 5. б.

2 Б

1 -горд-; -вер-; -строй-; -участ-; -чист-; -сил(ь)-; -симпат-; -политик-.

2 симпатизировать большевикам; отказаться от близкого человека; лишить жизни; жертвовать культурой; стать жертвой.

6 1. Сталиным был создан культ Ленина. 2. Массовыми репрессиями создавалась атмосфера недоверия. 3. Дети воспитывались в ... 4. Сталин и его система критиковались замечательными поэтами и писателями.

2 В

1 влияние; ликвидировать; окончание, оканчивать, конец; останавливаться, остановка; отказаться/отказываться; оценка, оценивать, цена, ценить; вырасти, рост.

3 А

2 1. фильм; 2. роман; 3. стихи; 4. репортаж.

3 *по горизонтали:* Пушкин, Толстой, Солженицын, Гоголь, Ахматова, Горький, Евтушенко, Айтматов, Фет, Гердер, Чехов, Катаев, Шиллер, Вейнерт, Островский; *по вертикали:* Пастернак, Гёте, Гейне, Есенин, Шолохов, Тургенев, Брехт, Кафка, Манн, Достоевский.

4 1. а; 2. б; 3. а; 4. в.

3 Б

2 1. купили; 2. начинаются; 3. начался; 4. понравился.

4 1. а; 2. б; 3. б; 4. а; 5. б.

3 В

3 *по горизонтали:* Царь-колокол, МГУ, (памятник) Пушкину, башня, Красная площадь, галерея, «Мать Родина», (Царь-)пушка, ГУМ, мост, Малый (театр), метро, Кремль, Луна-парк, ЦУМ, Эрмитаж, Зимний дворец, Софийский собор, Адмиралтейство; *по вертикали:* (улица) Тверская, Спасская (башня), памятник, Русский музей, улица (Тверская), Арбат, Большой театр, Успенский (собор), МХАТ, Мамаев курган, Третьяковская (галерея).

3 Г

1 проза – писатель(ница) – роман, рассказ; театр – актёр (актриса), артист(ка) – пьеса, спектакль; живопись – художник – картина (портрет, пейзаж, ...); музыкальный театр – композитор – музыка (опера, мюзикл, ...); скульптура – скульптор – скульптура, памятник, бюст.

2 1. полотна, которое висит ..., долго; 2. этой небольшой картины; 3. внимательно посмотреть на ..., трудно; 4. человек, тяжело; 5. грустное.

3 1. пейзаж; 2. портретист; 3. карикатурист; 4. пейзажист.

4 *изображать:* детей, героя, войну, людей, писателя, девочку, мальчика, животное, жителя города, улицу, дом, природу; *отражать:* эпоху, реальную жизнь народа, чувство, интерес.

5 А. С. Пушкин (поэт), Е. В. Образцова (певица); И. И. Левитан (живописец); А. И. Хачатурян (композитор); И. Е. Репин (живописец); Ф. И. Шаляпин (певец).

4 А

1 США – 9 372 614 км², 247,5 млн. жителей, Вашингтон; Германия – 356 945 км², 79,8 млн. жителей, Берлин; Россия – 17 075 400 км², 147,4 млн. жителей, Москва.

2 *по горизонтали:* Уфа, Псков, Воркута, Петербург, Орёл, Владивосток, Томск, Кострома, Смоленск, Якутск, Новосибирск, Магадан, Тверь, Тамбов, Вятка, Братск, Курск, Казань, Чита, Мурманск, Калуга; *по вертикали:* Красноярск, Пермь, Вологда, Краснодар, Самара, Москва, Омск, Тула. (Транссиб); *три самых больших города:* Москва, Санкт-Петербург, Новосибирск; *самый западный город:* Калининград; *самый северный город:* Мурманск; *самый восточный город:* Петропавловск-Камчатский; *самый южный город:* Иркутск.

3 1. б; 2. д; 3. а; 4. в; 5. г; 6. е.

6 1. да; 2. да; 3. нет; 4. да; 5. да; 6. да

4 Б

1 Волгоград; берлинцы; москвичи; Петербург; Омск; гамбуржцы.

4 В

1 возрасти (возрос); исчезнуть (исчез); мочь (мог); нести (нёс); погибнуть (погиб); спасти (спас); умереть (умер).

3 *жизнь:* любить ~, отдать ~, спасти ~, интересоваться -ью кого-н., провести ~, смотреть на ~, описать ~ кого-н., знать ~, зарабатывать на ~, рассказать о -и кого-н., изменить ~; *меры:* принять ~; говорить, писать о -ах; обсуждать ~; *мнение:* иметь личное ~; быть хорошего (плохого) -я о ком-чём-н.; высказать своё ~; интересоваться -ем кого-н.; *монокультура:* выращивать -у; использовать -у; *ошибка:* сделать -у; писать без -бок; совершить -у; признать -у; учиться на -ах; *польза:* приносить -у; получить -у; работать с -ой; говорить о -е чего-н.; *природа:* любить -у; изучать -у; беречь -у; защищать -у; выезжать на -у; писать о -е; загрязнять -у;

4 1. исчезать; 2. исчезать; 3. спасти/спасать; 4. спасти; 5. исчезнуть; 6. спасти.

8 1. промышленные предприятия загрязняют воздух, курить, способствовать образованию смога и озоновой дыры, быть равнодушным к окружающим, не думать об экологических последствиях, выступать в защиту природы, критиковать кого-н., чувствовать себя плохо; 2. использовать автомобили, выхлопные газы, загрязнять воздух, способствовать образованию смога и озоновой дыры, чувствовать себя плохо, у кого-н. аллергия на что-н.

5 А

1 *полное имя:* Сергей, Елена, Иван, Людмила; *уменьш.:* Серёжа, Лена, Ваня, Люда, Люся; *уменьш.-ласк.:* Серёженька, Леночка, Ванюша, Людочка; *прост.:* Серёжка, Ленка, Ванька, Людка.

5 1. активные; 2. умные; 3. скромные; 4. ленивые; 5. откровенные; 6. приветливые; 7. эгоистичные; 8. гостеприимные.

5 Б

1 день рождения; Рождество; Троица; свадьба; Новый год; Пасха.

5 В

2 *по горизонтали:* дядя, внук, племянница, родители, внучка, бабушка, отец, кузина, сестра, мать; *по вертикали:* тётя, дочь, брат, дедушка, сын, муж, жена.

7 1. вышла замуж; 2. пожениться; 3. женился; 4. жениться; 5. женятся; 6. разводятся; 7. женился; 8. вышла замуж.

8 1. Gleich und gleich gesellt sich gern. Sie haben sich gesucht und gefunden. 2. Sich vertragen wie Hund und Katze. 3. Über alle Maßen lieben. Mehr als das Leben lieben. 4. Ein Herz und eine Seele sein. 5. Aller Anfang ist schwer. Das erste Mal gelingt nie etwas. Es glückt nicht alles beim ersten Wurf. 6. Bis zur Hochzeit ist alles wieder gut (heil). 7. Im siebenten Himmel sein (schweben); 8. Ist die Katze aus dem Haus, tanzen die Mäuse (auf dem Tisch).

5 Г

2 верить; исповедовать; молиться; отрицать; собираться.

6 А

3 1. запад; 2. север; 3. международный; 4. одинаковый; 5. близко; 6. с другой стороны.

4 взволновать всех русских; объединить несколько предприятий в одно; подчиниться законам страны; распространиться по всей России; способствовать развитию рыночной экономики.

5 1. открыты; 2. герой, мой; 3. развитие, терпение; 4. страны.

6 1. национальная, уникальна; 2. русская, богата; 3. многонациональна; 4. интересна; 5. согласны; 6. неправильно; 7. рады.

6 Б

2 1. содействовать, помогать; 2. с Российской Федерацией; 3. своё мнение, свои взгляды; 4. по-моему, на мой взгляд, я думаю, я считаю.

4 1. российская; 2. российском, немецком; 3. российские, русские, немецкие; 4. русский, немецкий; 5. русская, немецкая; 6. русских, немецких; 7. русском, немецком; 8. российские, немецкие.

6 1. Daheim ist's am besten. Daheim ist daheim. 2. Freunde erkennt man in der Not. Freundschaft bewährt sich in der Not. Freunde in der Not gehen tausend auf ein Lot. Im Unglück zeigt sich der Freund. 3. Besser in der Tasche kein Geld als ohne Freund(e) in dieser Welt.

6 В

5 1. мир; 2. там; 3. прошлое, настоящее; 4. русская, немецкий; 5. россиянка, немец; 6. иностранный язык; 7. врач; 8. взять, получить.

8 1. Они надеялись на лучшее будущее. 2. Они получили работу по специальности. 3. Вы не согласны? 4. У неё трое детей. 5. Только своим трудом я добилась успеха.

7 А

3 1. Geld wie Heu. Geld stinkt nicht. Geld zum Fenster hinauswerfen. Fragen kostet nichts. 2. Viel Ehr', doch wenig Geld. Geld will gezählt sein. Wenn es ums Geld geht, hört die Freundschaft auf.

4 1. отрицательная; 2. наблюдать за чем-н.; 3. бизнесменами; 4. напрокат.

6 сколько стоит, дайте мне, (не) нравится, это очень (слишком) дорого, давайте подешевле, я бы взял за …, такой мелкий и 5 долларов!, покажите …, в соседнем киоске, сколько хотите?; почему мелкий?, совсем не дорого, высшего качества, импортный товар, это слишком дёшево, берите за …, как хотите, тогда я отдам за …, если будете брать много.

10 <u>электричка;</u> <u>Трифон;</u> электричка; <u>Трифон;</u> Бородин; <u>Ростов;</u> <u>семья;</u> <u>место;</u> <u>стоит;</u> <u>стоять;</u> холодно; по<u>сто</u>ял-по<u>сто</u>ял; авто<u>стоп;</u> <u>стоп;</u> <u>Трифон</u> = 824.

7 Б

1 *по горизонтали:* шахматы, гольф, карты, волейбол, скат, роме, регби, бадминтон; *по вертикали:* теннис, кегли, шашки, крикет, хоккей, гандбол, футбол, мяч.

4 плохо для здоровья, укреплять контакты, меньше комплексов, симпатизировать другим, поддерживать компанию, риск заболеть раком, чувствовать себя свободным, «меньше» проблем, потерять друзей и работу, стать зависимым, стоить больших денег, ссориться с родителями, совершать преступления, …

8 *Foto ganz rechts:* Читальный зал находится в парке в Москве (Сокольники).

7 В

4 *любить кого:* человека, маму, мать, папу, отца, брата, сестру …; *что:* музыку, стихи, предмет (математику, немецкий язык, …), город, деревню, …; *что делать:* читать, петь, путешествовать, …

8 1. Liebe auf den ersten Blick. 2. Alte Liebe rostet nicht. 3. Liebe macht blind. 4. Liebe geht durch den Magen. 5. Liebe allein macht nicht satt. 6. Make love, not war. (Macht Liebe, keinen Krieg.)

15 влюбиться в одного мальчика (парня, молодого человека), ссориться, думать о ком-н., ревновать кого-н. к кому-н., считать кого-н. глупым (упрямым), жить как кошка с собакой.

8 А

1 1. пшеница; 2. мёд; 3. матрос.

3 1. бедный; 2. дорого; 3. импортировать (ввозить); 4. брать; 5. высокие.

4 *по горизонтали:* 1. нас; 4. корова; 5. аренда; 7. мёд; 8. лама; 9. зерно; 11. утро; 12. осадки; 14. лошадь; 15. кооператив; 17. об; 18. мука; 19. икра; 21. ни; 24. ЦБ; 25. тех; 26. край; *по вертикали:* 1. налог; 2. Арал; 3. семья; 4. КД; 6. над; 10. поле; 13. собака; 15. кошка; 16. птица; 20. КБ; 21. ней; 22. их; 23. св; 25. та.

5 *профессия:* фермер, пчеловод, агроном, агротехник, механик; *животные:* лошадь, свинья, корова, домашняя птица, гусь; *продукты:* пшеница, зерно, хлеб, овощи, фрукты, молоко, мёд.

6 1. Жители деревни – это люди, которые живут в деревне. 2. Техника – это сельскохозяйственные машины, как, например, трактор. 3. Домашние животные – это животные, которые живут вместе с людьми, например, корова, собака, кошка. 4. Овощи – это растения, которые можно есть, например, морковь, капуста. 5. Зерно – это то, из чего делают муку. 6. Продукты – это то, что можно есть или пить, например, молоко, мясо, овощи, фрукты и т. д.

8 Б

1 учитель(ница); воспитатель(ница); историк; певец; исследователь; мастер; колхозник (-ница); брокер; агротехник; писатель(ница); фермер; банкир; инженер; журналист(ка); тренер; проводник (-ница); чиновник; юрист.

3 1. учу; 2. учить; 3. учиться; 4. учимся; 5. научилась; 6. учиться; 7. учиться; 8. учу, учит; 9. учим.

4 1. есть, есть, –; 2. есть, есть, есть; 3. –.

5 1. банкир; 2. рэкетир; 3. рынок; 4. клиент; 5. торговец; 6. цена; 7. агент; 8. товар; 9. риск; 10. конкурент; 11. транспорт; 12. телефон; 13. налог; 14. государство; 15. офис.

6 вежливый, внимательный, деловитый, интеллигентный, оптимистический, приветливый, самостоятельный, скромный, способный, старательный, талантливый, уверенный, умный, …

7 *материальные:* иметь свою комнату (собственный дом, собственную квартиру, сад), автомобиль, хорошую мебель, современную электронную технику, фирменную модную одежду, много книг, …; *социальные:* иметь много друзей, быть в хороших отношениях с родителями (одноклассниками, коллегами), быть руководителем, заниматься спортом, ходить на дискотеку; *духовные:* любить литературу, много читать, ходить в театр (на концерты), посещать музеи, выставки, много путешествовать, знакомиться с другими культурами, общаться с интересными людьми, интересоваться политикой, выступать в защиту окружающей среды, помогать слабым, быть терпимым.

8 В

2 1. очень быстро; 2. стали безработными; 3. работу; 4. маленькую пенсию; 5. хотят знать, относятся к тому, что знакомый стал безработным; 6. сочувствия.

3 1. учитель, учительница; 2. врач, медсестра; 3. шофёр, водитель автобуса (троллейбуса, трамвая, метро), таксист; 4. актёр, актриса, певец, певица, артист(ка), клоун.

4 1. менеджер; 2. медсестра; 3. торговец; 4. инженер; 5. проводник; 6. художник; 7. продавец.

9 1. Zeit ist Geld. 2. Alles zu seiner Zeit. 3. Geld allein macht nicht glücklich. 4. Der Mensch ehrt das Amt, nicht das Amt den Menschen.

8 Г

3 1. промышленность; 2. вывоз; 3. ввоз; 4. деньги; 5. уничтожение; 6. соревнование.

4 Kosmos, Kosmonaut, Sputnik, Subbotnik, Datsche, Knute, Ukas, Zobel; viele Erscheinungen der russischen Wirklichkeit (z. B. Balalaika, Bojar, Bolschewik, Glasnost, Kolchos, Kwaß, Kopeke, Perestrojka, Rubel, Sarafan, Schapka, Soljanka, Sowjet, Taiga, Troika, Tundra, Zar usw.)

5 сокращение вооружённых сил, ликвидация атомного и химического оружия, решение всех проблем мирным путём, армия (не) нужна, …

7 Плоды социализма: серп и молот – символ социализма, герб СССР; крестьянка, старая русская женщина, всю жизнь гнуть спину, трудиться до изнеможения, верить в идеалы социализма, жить скромно (плохо), пожинать плоды социализма, остаться без ничего; социальная необеспеченность; положение в экономике и сельском хозяйстве: заброшенность хозяйства, заброшенные деревни, отсутствие (дефицит) техники; экологические проблемы; разочароваться в ком-чём-н.; оказаться лишним в своём государстве; остаться без помощи, без внимания и заботы.

8 1. Irren ist menschlich. 2. Alles muß sein Maß haben. 3. Solange ich atme, hoffe ich. 4. Wirklicher Reichtum des Menschen sind viele Freunde. 5. Der Morgen ist klüger als der Abend. Guter Rat kommt über Nacht. 6. Aus Fehlern wird man klug.

Kursübergreifender Teil

1 С. 56: 1. б; 2. а; 3. а.

7 С. 57: появилась; делали; нарисовал; сделал; раскрасил; получилась; были; понравилась; назвали; родилась; стала.

8 С. 57: заниматься; ремонтировать; пользовались; заниматься; собирать; учиться; читать; решать; стать.

6 С. 58: 1. нам; 2. мне; 3. русскому языку, этому; 4. соседу.

7 С. 59: 1. чему; 2. игре в теннис; 3. русскому языку; 4. плаванию; 5. многому.

12 С. 60: 1. хорошим учеником; 2. ходячей энциклопедией; 3. серьёзным; 4. всем.

1 С. 61: слушай – слушают; открой – откроют; пиши – пишут; войди – войдут; возьми – возьмут; готовь – готовят; ешь – едят.

2 С. 61: *-й(те):* попробуйте; чувствуй себя; давай; *-и(те):* извините; садитесь; принесите; проходи; возьми; *-ь(те):* будьте.

6 С. 62: 1. Говорите, пожалуйста, громче. 2. Повторите, пожалуйста. 3. Подождите меня, пожалуйста. 4. Передай, пожалуйста, привет твоей бабушке. 5. Помогите мне, пожалуйста.

3 С. 63: 1. Он попросил меня, чтобы я не говорил(а) ей о его решении. 2. Друг посоветовал мне, чтобы я учился (-лась) бороться с трудностями. 3. Таня сказала мне, чтобы я ей чаще писал(а). 4. Ина попросила меня, чтобы я принёс (-несла) ей роман Булгакова. 5. Учитель сказал нам, чтобы мы перевели письмо. 6. Моя подруга написала мне, чтобы я читал(а) сказки и басни Толстого на русском языке.

3 С. 64: 1. хожу; 2. еду; 3. едет; 4. ведёт; 5. идёт; 6. идут; 7. идут.

5 С. 65: 1. идёте; 2. идём; 3. ходите; 4. ходим; 5. идёте; 6. ходите; 7. ходим.

6 С. 65: летишь; лечу; летать; летать; летит.

7 С. 65: 1. едешь; хожу; иду; езжу; едете; еду; 2. идёте; веду; плавать; ходите.

14 С. 67: вышел; приедет; перейти (перебежать); пришёл; уехал (ушёл); доехал; прошли; вошли; вышли; вошли; вылетел; прилетели.

12 С. 70: 1. основан; 2. расположен; 3. построены; 4. создан (поставлен); 5. разрушен; 6. развиты.

15 С. 71: 1. знаменитый, пятый; 2. иностранные; 3. настоящий; 4. любимый; 5. младшая.

1 С. 72: 1. развитая торговля; 2. благодаря отцу; 3. напротив дома; 4. подпишись здесь.

3 С. 72: 1. ..., не имея водительских прав. 2. ..., не купив капусты. 3. ..., употребляя много шоколада. 4. ..., не прочитав её. 5. ..., не поблагодарив хозяев. 6. ..., не умея танцевать.

4 С. 72: 1. б; 2. е; 3. д; 4. в; 5. а; 6. г.

11 С. 74: 1. прилетев; 2. осматривая; 3. осмотрев; 4. приехав; 5. приняв, переодевшись; 6. ужиная; 7. побывав.

6 С. 76: 1. умеешь, можешь, могу; 2. умеешь, умею, могу.

7 С. 76: можно; может; нельзя; можно; можно; нельзя (не следует); можно; нельзя; умеешь; умею.

10 С. 77: можно; надо; можно; надо; можно; можно; надо; можно; нельзя; надо.

1 С. 78: 1. каждый; 2. который, друг друга; 3. некоторый; 4. этот, свой.

2 С. 78: 1. это, наш, его, оно, она, меня, кто, них, наш, им, нашим, мои, моим; 2. ничего, чего, некого, кого, друг с другом, мои, ни с кем, моя, она.

6 С. 79: 1. б; 2. б; 3. б.

7 С. 79: 1. своему; 2. его; 3. её; 4. свою.

8 С. 79: 1. своего; 2. его, его; 3. свою; 4. его; 5. свою.

Schlüssel zu ausgewählten Übungen der Kopiervorlagen

1 A

1 конец; ликвидация (разрушение) старых; застоя; против проведения.

2 *мыть:* открыть, закрыть; *рисовать:* образовать, царствовать; *говорить:* объединить.

3 1. древнерусское государство; 2. христианство; 3. Иван IV; 4. победа русских войск над Наполеоном.

1 Б

1 1. развитие; 2. смерть; 3. мир; 4. защищать; 5. уходить; 6. плакать; 7. ночь; 8. далеко.

1 В

1 1. царь; 2. сын Ивана; 3. отец Петра I; 4. сыновья помещиков.

2 1. умер; 2. недовольны; 3. кончила; 4. против; 5. постоянная; 6. продавали; 7. ликвидировал; 8. жестокий.

3 1. стал/~~становился~~; был/~~бывая~~; 2. произошло/~~происходило~~, убил/~~убивая~~; 3. было/~~бывало~~, случилось/~~случалось~~, ~~назвался~~/назывался; 4. уйти/~~уходить~~, стал/~~становился~~; 5. перейти/~~переходить~~.

1 Г

1 1672 – родился Пётр I; 1697 – встреча Петра I с Фридрихом III в Кёнигсберге; январь 1698 – Пётр переехал из Голландии в Англию; 1700 – начало Северной войны; 1709 – победа под Полтавой; 1721 – Петра I стали называть «императором всероссийским» Петром Великим.

2 царь, князь, граф, крестьянин; премьер-министр, министр, госсекретарь, бургомистр.

2 A

1 1. умереть; 2. кончить; 3. активность; 4. радоваться царю.

2 Б

1 1. которого; 2. которых; 3. в которой; 4. о котором; 5. которые.

2 1. Горбачёвым были проведены реформы, ...
2. Первым коммунистом были разрушены ...
3. Перестройкой, демократизацией, гласно-

стью был открыт путь … 4. Мир не может быть изменён слабым характером. 5. Горбачёвым была остановлена … война … 6. Парламентом он был избран …

3 А

1 1. его; 2. свою; 3. его; 4. свой, его; 5. своё; 6. своём; 7. свои, её; 8. её (свою); 9. его; 10. его; 11. их; 12. свою; 13. его.

2 классическая, художественная, современная, отечественная, зарубежная, русская, советская, немецкая, публицистическая, техническая, приключенческая, политическая, интересная, …

3 Б

1 а) оперетта, симфония, оратория, реквиум, балет, мюзикл, ария, серенада, свита, …; поп-музыка, шлягер, джаз, рок-н-ролл, хеви-мэттл, рейв, свинг, соул, панк, балет, электронная музыка, …

2 Пиковая Дама, Евгений Онегин, Лебединое озеро, Спящая красавица, Шестая симфония, Итальянское Каприччио.

3 В

1 1. классицизм; 2. романтизм; 3. импрессионизм; 4. реализм; 5. модернизм.

3 Г

1 1. напомнить; 2. напоминает; 3. помните; 4. помню; 5. вспоминаю; 6. вспоминаю.

3 1. изобразил, изображает; 2. отражает; 3. выразить; 4. выразил, выражает; 5. изобразил, изображает; 6. отражает.

4 А

1 1. в Сочи, из Сочи; 2. в Нижнем Новгороде, из Нижнего Новгорода; 3. в Берлине, в Берлин; 4. в Россию, из России; 5. на запад, с запада; 6. на юге, с юга; 7. на севере, на север; 8. на Кавказ, с Кавказа; 9. на Урале, с Урала; 10. на полуостров, с полуострова.

2 1. в поезд; 2. из поезда; 3. в самолёт; 4. из самолёта; 5. в старинном кремле; 6. из Нижнего Новгорода до Астрахани; 7. с Волги; 8. на Волге.

3 *Москва* – Мюнхен: 2 221 км, М. – Берлин: 1 850 км, М. – Владивосток: 9 288 км, М. – Астрахань: 1 450 км, М. – Ростов: 1 144 км, М. – Санкт-Петербург: 700 км; *Санкт-Петербург* – Мюнхен: 2 265 км, СПб. – Берлин: 1 850 км, СПб. – Владивосток: 11 450 км, СПб. – Астрахань: 2 145 км, СПб. – Ростов: 1 838 км; *Ростов* – Мюнхен: 2 714 км, Р. – Берлин: 2 299 км, Р. – Владивосток: 8 773 км, Р. – Астрахань: 921 км; *Астрахань* – Мюнхен: 3 671 км, А. – Берлин: 3 526 км, А. – Владивосток: 7 852 км; *Владивосток* – Мюнхен: 11 523 км, В. – Берлин: 11 108 км; *Берлин* – Мюнхен: 600 км.

4 1. 2 часа; 2. Урал; 3. Волга; 4. Байкал; 5. востоке; 6. туристский маршрут через старинные русские города; 7. Камчатку; 8. Калининград; 9. Сочи; 10. Эрмитаж.

5 1. нет; 2. да; 3. нет; 4. да; 5. нет.

6 город назначения: Иркутск; поезд Москва – Иркутск; вагон купейный; место и время отправления: Казанский вокзал, 25 мая, 18 ч. 50 мин.; поезд № 42; вагон 9; места 9 и 10.

4 Б

2 1. ~~активизировали~~ – активизировались; 2. уделяют – уделяется; 3. усложняют – ~~усложняются~~; 4. ~~планируют~~ – планируется; 5. реставрируют – реставрируются.

3 поддерживать экономическое сотрудничество, содействовать экономическому сотрудничеству, подписать соглашение, заключить договор, развивать отношения, обмениваться чем-н., издать закон, развивать туризм, …

4 каждые три года; двумя коллегами; ста фирм из двадцати стран; трёх известных русских фирм; ближайшие четыре года; двух видов; последние три года; несколько раз.

6 *совершенный вид* – прошедшее время: получила, познакомилась, узнала, провела; будущее время: переедет, напишет, пришлёт, отвечу; *несовершенный вид* – прошедшее время: участвовала, знакомились, ходили, проводила; настоящее время: переписываемся, хочется переезжать, любит, читает; будущее время: будет работать, будет писать.

4 В

2 1. против строительства; 2. прекратить; 3. хозяйственно, разумно; 4. поддерживать проведение.

5 А

2 *рост:* высокого (среднего, невысокого) роста; *возраст:* молодой, зрелый, пожилой, старый; *фигура:* красивая, стройная, хорошая, атлетическая, спортивная, мужская, женская, ~ спортсмена, ~ атлета, …; *волосы:* красивые, редкие, светлые, тёмные, седые, каштановые, чёрные, русые, рыжие, пепельного цвета, густые, длинные, короткие, волнистые, кудрявые, тонкие, крашеные, …; *лицо:* (не)красивое, круглое, широкое, ассиметричное, (не)подвижное, спокойное, строгое, грубое, милое, доброе, печальное, усталое, красное, загорелое, (чисто) выбритое, мужское, женское, девичье, детское, землистого цвета, …; *характер:* хороший, добрый, плохой, сильный, слабый, уравновешенный, спокойный, темпераментный, твёрдый, открытый, дружеский, мирный, … (см. По свету. – 1994. – № 6. – С. 26-27.)

4 *непереносное значение:* лёгкий чемодан; золотое кольцо; твёрдые тела; мягкое кресло, мягкий хлеб; светлая комната, светлые краски, светлая рубашка.

5 Б

1 1. 7 января; 2. Пётр I; 3. куличи; 4. жёлтые; 5. 23 февраля.

5 В

1 1. замужем; 2. женат; 3. замужем; 4. разведён; 5. вдовец.

2 1. да; 2. да; 3. нет; 4. нет; 5. нет; 6. нет; 7. да.

5 Г

1 *задачи:* содействовать в решении проблем, помогать слабым, учить людей быть терпимыми; *конфессии:* христианство (православие, католицизм, протестантизм), ислам, буддизм, ...; *обряды:* крещение, венчание, по́хороны, ...; *праздники:* Пасха, Троица, Рождество, ...

6 А

1 русская; азиатской; другого, европейской; важным, распространённого; русского; российской; интересная; терпеливой.

2 нельзя; терпимо; не иметь терпения; отдельные; менее.

6 Б

1 1. действующие вулканы; 2. Волга; 3. Минск; 4. Базель, матрёшка.

2 1. лучше; 2. хорошими; 3. противниками; 4. сильным; 5. партнёрами.

3 1. при Екатерине II; 2. знаменитых, влияли; 3. сближали; 4. века, содействовала объединению.

6 В

1 1. приехать в Германию; 2. трудная, тяжёлая; 3. старшее; 4. везде; 5. плохо; 6. запрет; 7. доволен; 8. положительные.

2 1. российские; 2. возвратиться, вернуться; 3. специальности ; 4. осуществить; 5. быть другого мнения.

3 1. переселенцы, возвращенцы; 2. сосед, жених, жена, знакомый; 3. ответственный, стройный; 4. работодатель, безработный.

7 А

3 1. своего; 2. её; 3. его; 4. своим; 5. своим; 6. своим; 7. свой, своим; 8. его, свои; 9. его; 10. своего.

7 Б

1 1. родители; 2. давно; 3. запретили; 4. интересно.

2 1. публикуемых – ~~публикующих~~; 2. любимый – ~~любящий~~; 3. ~~проводимыми~~ – проводящими; 4. ~~употребляемыми~~ – употребляющими; 5. привезённые – ~~привозившие~~; 6. ~~изменённые~~ – изменившие; 7. ~~критикуемых~~ – критикующих; 8. ~~торгуемые~~ – торгующие.

7 В

1 *ценить кого-н.:* родителей, учителя, друга, подругу, дедушку, бабушку, ...; *ценить что-н.:* независимость, свободу, литературу, книги, дружбу, ...

2 1. в Сашу с первого взгляда; 2. на седьмом небе; 3. на конкретном примере; 4. у Люды, для своих друзей; 5. к своим подругам.

3 учиться; подрабатывать; искать; нашла; работала; учусь; изучаю; познакомилась; влюбилась; связывают; интересуется.

7 Г

2 1. что молодёжь имеет свои идеалы; 2. чтобы понять их идеалы; 3. чтобы родители покупали им вещи известных фирм; 4. чтобы иметь свои деньги; 5. чтобы молодые люди побольше читали; 6. чтобы люди были терпимыми; 7. чтобы создать больше рабочих мест.

8 А

1 *производить:* товары, машины, станки, самолёты, сельхозпродукты, продукты питания, ...

2 кто-то; кто-нибудь; кое с кем.

3 мяса; рыбу; молоком; сахара; хлеб; сыром; вареньем; овощей; фруктов; мороженое; фруктов (овощей).

5 1. Земля даётся фермерам в аренду государством. 2. В Черноземье фермерами обрабатывается плодородная земля. 3. Ими производится ... 4. Продукты продаются фермерами на рынке. 5. Сельскохозяйственная техника покупается Россией за границей. 6. В России уже несколько лет издаётся журнал «Сельская жизнь».

8 Б

1 1. неинтересно, скучно; 2. продавал; 3. старый; 4. дороже; 5. глупо; 6. трудно; 7. нет конкурентов; 8. старше.

8 В

1 1. карманные деньги; 2. уборщица; 3. центры занятости для подростков; 4. копить деньги; 5. очистка парков; 6. нянечка.

2 1. безработными; 2. Петра Юрьевича Санкова; 3. инженером; 4. лишним; 5. проблемами, своих проблем; 6. семье, денег.

Texte zur Vorbereitung auf das schriftliche Abitur

1861 – конец средневекового времени ...

Б

2 лишить всех прав; иметь безграничные права; получить некоторые права; иметь право на любой участок земли.

3 1. ... *подписал* ...: einmalige abgeschlossene Handlung, er hat unterschrieben; ... *подписывал* ...: eine sich mehrmals wiederholende Handlung, er hat mehrmals unterschrieben; 2. *запрещали* ...: eine sich mehrmals wiederholende Handlung, es war ständig verboten; *запретили* ...: eine einmalige abgeschlossene Handlung; 3. ... *обсуждал* ...: eine sich mehrmals wiederholende Handlung, der Staatsrat hat mehrmals das Projekt erörtert; ... *обсудил* ...: eine einmalige abgeschlossene Handlung.

Русские в Берлине ...

Б

1 1. эмигрировали; 2. сосланы; 3. показателем; 4. играл важную роль; 5. возвратился; 6. издавалась; 7. писали для газеты.

2 1. живёт; 2. есть; 3. учатся; 4. издаётся; 5. являются (внешний показатель ... – рестораны).

3 1. В 1922 году более 100 русских учёных были высланы из своей страны. 2. Некоторыми из них был основан ... 3. Так, например, в Берлинской телефонной книге ... было зарегистрировано ... 4. Была основана первая русская гимназия. 5. ..., им был основан литературный журнал. 6. С 1920 года до 1931 года в Берлине издавалась русская газета «Руль». 7. С 1933 до 1945 года ими издавалась ... газета.

Два брата

Б

1 1. идут; 2. читают, что написано; 3. хватает, бежит; 4. царствует; 5. живёт; 6. выходит, живу, и царь (являешься царём), видишь.

2 1. спать; 2. ничего не ждёт; 3. несчастья (плохо), попробуем; 4. по-моему; 5. без ничего; 6. в жизни не приносит радости.

3 увидали – увидели; прочли – прочитали; пускай – пусть; меньшой – младший; придёт ночь – наступит ночь; вовсе – совсем; останемся ни при чём – останемся без ничего; в свете не радует – в жизни не радует; слыхал – слышал; по мне – по-моему; напал на реку – увидел (нашёл) реку; увидал медведицу – увидел медведицу; пришёл на него войной – начал войну против него; вышла моя правда – я прав; не тужу – я не грущу (не страдаю). Писатель использует элементы разговорного стиля, потому что этот стиль типичен для сказок. Разговорной речи свойственна экспрессивность.

4 великий, готовый, слепой.

6 *сравниваемое явление*: 1, 2; *значение превосходной степени*: 3, 4.

Самая незаметная?

Б

2 обычная (внешность); правда, которая полностью убеждает; необидный, приятный (юмор); гостеприимная (хозяйка).

3 *портретная характеристика*: человек незаметный; внешность самая заурядная; непривычное, особенное выражение (лица); скромное, но со вкусом и по моде сшитое пальто; интересная и обаятельная женщина; тихая, самая незаметная одноклассница; *черты характера*: ни рыба, ни мясо; стать раскованнее; с видом человека, точно знающего, что и зачем он это делает; уверенная, что поступает правильно; очень наблюдательна, с мягким, необидным юмором.

4 1. сразу же после окончания школы отправилась; 2. я потеряла; 3. нашёл.

5 Она вспоминала детали, о которых я уже давно забыла. вспомнить/вспоминать кого-что-н., о ком-чём-н.: Они вспоминали школьные годы. Я вспомнил слова песни. Он вспомнил о друге. напомнить/напоминать кого-что-н., о ком-чём-н.: Квартира Тани напомнила ей музей. Таня напомнила ей о себе. Напомни Тане о встрече! Напомни мне об этом!

6 1. У неё была обычная внешность. 2. В классе девочки были очень активными. Они играли главную роль в жизни класса. 3. Жизнь показала, кто прав.